낳을까 말까

낳을까 말까

© 이혜인

초판 인쇄	2025년 5월 28일
초판 발행	2025년 6월 9일

지은이	이혜인
펴낸이	최아영

편집	최아영
교정	김선정
마케팅	이 책을 읽은 누군가
디자인	House of Tale
인쇄	제이오

펴낸곳	느린서재
출판등록	2021-000049호
전화	031-431-8390
팩스	031-696-6081
전자우편	calmdown.library@gmail.com
인스타	@calmdown_library
뉴스레터	calmdownlibrary.stibee.com
블로그	blog.naver.com/calmdown_library

ISBN	979-11-93749-20-3 03330

이혜인 지음

태어나지 않은 미래:
소멸 예정 한국에서

낳을 말까

느린
서재

합계출산율 0.7*,
나는 무엇을 망설이는가

아이가 있으면 어떨까.

단 한 번도 아이를 낳고 싶었던 적이 없었던 내게, 불현듯 낯선 생각이 찾아왔다. 30대 중반이 되어 호르몬의 급습이 시작된 걸까? 그게 아니라면 무의식 아래 잠자고 있던 욕망이 이제야 고개를 내민 걸까. "네가 아이 생각을?" 가까운 친구들이 나보다 더 놀랐다. 그때부터 내 마음은 하루에도 몇 번씩 낳을까와 말까를 오가며 변덕을 부렸다.

마침 나의 고민은 시대적 화두다. 원고를 쓰던 2024년, 정부는 초저출생 현상을 한국 사회의 가장 근본적이고 치명적인 문제로 규정하며, '인구 국가 비상사태'를 공식 선언했다. 고개

× 통계적 필요에 따라 '출산율'을 사용하였으나, 이는 여성의 재생산을 사회 문제로 환원하는 한계를 지닌다. 이에 수치 사용이 필요 없는 부분에서는 '출생률'이나 '저출생'으로 대체하였다.

를 돌리면 어디서든 저출생에 대한 우려를 찾을 수 있다. 언론은 하루가 멀다 하고 쏟아져 나오는 새로운 출산 장려책을 보도한다. 그 어느 때보다 많은 이들이 아이를 낳지 않는 현상에 주목하고, 여러 논의가 이루어지고 있다. 그렇지만 정작 그 고민의 당사자인 내게, 와닿는 얘기는 별로 없다.

엄마로 살 것인가 아닌가. 안타깝게도 이 문제에 명쾌한 조언을 줄 수 있는 인생 선배는 없다. 아이를 낳는 선택과 낳지 않는 선택을 모두 해본 사람은 존재하지 않으니 말이다. 에라, 모르겠다. 골치 아프다는 핑계로 슬그머니 고민을 숨겨본다. 하지만 낳을까, 말까라는 고민에는 가임 연령이라는 시간 제한이 존재한다. 내가 아무것도 하지 않는 동안 시간은 흐르고, 나도 모르게 비출산이라는 결정이 내려지게 된다.

30대 중반, 지금 바로 임신에 성공해 출산을 해도 젊은 엄마가 되긴 글렀다. 더 늦기 전에 한 번은 아주 '찐'하게 내가 무엇을 원하는지 곱씹어 보고 싶었다. 그래서 브런치에 글을 쓰며 고민을 풀어냈고, 그게 바로 이 책의 시작이 됐다.

치열한 내 고민에 대해 더러는 이런 반응을 보였다.

"고민하는 걸 보니 언젠가 낳겠네. 진짜 딩크는 고민도 안 해."
"고민을 너무 하면 못 낳아. 하루라도 젊을 때 빨리 가져."

낳을까 말까

경험과 애정에서 우러난 조언이라는 걸 안다. 하지만 일생 일대의 선택을 신중하게 하고 싶은 내 마음은 사람들의 반응 앞에 납작해지곤 했다. 나이가 들수록 가임 확률이 떨어진다 는 것도, 육아가 체력전이라는 것도 안다. 어쩌면 이런 고민은 정말 시간 낭비일지도 모른다. 그럼에도 떠밀리듯 확신 없는 선택을 내리고 싶진 않다. 나는 이 고민이 가치 있다고 믿는다. 저출생이 그렇게 문제라면, 해답의 실마리는 이런 고민 속에 있지 않을까.

많은 논의에서 저출생의 원인과 결과는 지나치게 단순하게 다루어진다. 경제적인 어려움 때문에, 돌봐줄 사람이 없어서 출산율이 떨어진다는 식이다. 대책 역시 간단 명료하다. 아파트 몇만 호 공급, 출산지원금 제공, 아이를 대신 돌봐주겠다는 식의 해결책이다. 물론 아주 헛짚은 건 아니다. 나 역시 이 책에서 육아의 경제적 비용과 돌봄 공백의 문제를 제기한다. 하지만 출산을 망설이게 하는 이유는 다른 차원에도 있다. 삶의 질, 행복, 평등과 자유 등 수치화할 수 없는 것들이 나의 엄마 될 결심을 가로막는다. 정작 아이를 낳는 쪽으로 마음이 열리는 순간들은 숫자로 이뤄진 수많은 정책들과 완전히 무관할 때가 많다.

낳을까, 말까의 고민은 결코 단순하지 않다. 기성세대는 요 즘 세대가 아이를 낳지 않는 것을 두고 그들이 이기적이기 때문이라고 프레임을 씌운다. 편리한 결론이지만, 책을 쓰면서 나는 아이를 원하는 마음일 때 누구보다 이기적인 나를 발견했다. 나의 행복, 사회가 정한 정상성에 대한 갈구, 성장과 경험에 대한 욕망이 나를 움직였다. 오히려 아이를 낳지 않는 쪽으로 기울 때 내 마음은 나를 넘어 타인과 세계, 더 넓은 쪽으로 확장된다. 가령 아이들이 자랄 지구 환경이나, 여성 인권, 다양성을 포용하는 문화와 같이 평소에 쉽게 지나쳤던 주제에 마음이 머물곤 한다.

두서 없이 써 내려간 글을 추리니 크게 세 묶음이 되었다. 1장에서는 출산과 육아를 도전 과제로 느끼게 하는 한국 사회의 문제를 담았다. 경쟁적인 입시 교육 환경, 긴 노동시간, 경제적 부담 등 이미 익숙한 주제지만, 아이 낳기를 망설이는 가임기 여성의 시각에서 깊숙이 돌아보고자 했다. 아직 한국 사회에서 많은 공감을 받지 못하고 있는 이슈인 기후위기와 젠더 갈등도 함께 살폈다.

2장에서는 '엄마가 된다면'이라는 가정 아래 실질적으로 고민되는 부분들을 적었다. 아이를 낳는 경험은 필연적으로 정체성의 변화를 수반한다. 임신, 출산, 육아에 이르는 일련의 과정이 나의 일상을 얼마나 바꾸고 뒤흔들지, 그 안에서 행복과 만족을 찾을 수 있을지 고찰했다.

낳을까 말까

3장에서는 그럼에도 불구하고 낳을까, 말까라는 고민을 계속하게 만드는 복잡한 내면의 이야기를 담고자 했다. 뉴스에서는 다뤄지지 않지만 아이 낳기를 고민하는 입장에서 결코 떼어놓을 수 없는 생각이 있다. 인간적 성숙에 대한 희구, 진짜 사랑에 대한 물음, '낳을까, 말까'라는 선택 속에 함께 있는 배우자, 부모와의 관계에 대해서도 함께 고민했다.

지극히 개인적인 고민에서 출발한 글이다. 인구 문제의 전문가 혹은 사회학 연구자도 아닌 사람의 이야기가, 다른 누군가에게 필요한 글이 될 수 있을까 고민했다. 그럼에도 용기를 낸 건 이 책을 읽는 누군가도 같은 마음일 수 있다는 믿음 덕분이다.

아이 낳고 기르기 좋은 사회와 어른이 살기 좋은 사회가 다를 리 없다. 결국 낳을까, 말까의 고민은 살기 좋은 세상에 대한 고민과 무관하지 않다. 당신이 아이를 가졌든, 아이를 갖지 않을 예정이든, 살기 좋은 세상을 희망하는 사람이라면 책의 어느 부분에라도, 한 번쯤 고개를 끄덕일 수 있기를 바란다.

2025년 6월, 이혜인

차례

2장 잘 해낼 수 있을까
상상해 본 적 없는 엄마라는 단어

3장 그럼에도 흔들리는 순간들
주입된 꿈과 숨겨진 무의식 사이,
내가 진짜 원하는 건 뭘까

나가며

1장

나처럼 자라게 하고 싶지 않아서

아이 낳는 선택을
어렵게 만드는 한국 사회

일만 하다 끝나는 하루,
아이를?

오늘도 내내 일만 하다 하루가 끝났다. 시계를 보니 저녁 8시. 일은 한참 남았지만 더 못 하겠다. 어떻게든 되겠지. 내일의 나에게 맡기기로 하고 우선 노트북을 덮는다. 재택근무로 일하는 나는 그제야 엉망이 된 집을 정리한다. 저녁 9시, 아침 7시에 셔틀버스를 타고 회사로 떠난 남편이 집에 돌아온다. 그는 가끔 자정을 넘어 귀가하기도 하니 이만하면 괜찮은 하루다.

'식구'라는 말이 무색하게 우리 부부는 주말에만 밥을 같이 먹는 사이다. 평일 퇴근 후 얼굴을 보는 시간은 길어봤자 3시간 남짓. 반려견과 산책을 하고, 씻고 나면 어느새 다음 날 출근을 위해 침대에 누울 시간이다. 부부간의 충분한 대화나 자기 전 잠깐의 독서도 어려운 우리의 일상에 아이가 들어올 틈은 보이지 않는다.

우리는 너무 많이 일한다

우리는 너무 많이 일한다. 물론 최근 10여 년간 노동시간이 획기적으로 줄어들긴 했다. 2018년, 내가 직장 생활을 시작하고 얼마 되지 않아 '워라밸work life balance'이란 키워드와 함께 주 52시간제가 도입됐다. 강제성을 갖고 시작된 제도에, 처음엔 "일은 그대로인데 어떻게 빨리 가라는 거야"라는 볼멘소리가 터져 나왔던 것을 기억한다. 사무실 불을 강제로 끄고 내쫓는 바람에 노트북을 집으로 들고 가서 일을 마무리하곤 했다. 처음의 혼란이 잠식되고 이내 새로운 근무시간제가 정착됐다. 대부분의 동료가 달라진 생활에 만족했다. '아, 이렇게도 살 수 있구나' 하는 어떤 인식의 전환이 분명 있었다.

하지만 아이를 키울 엄두를 내기엔 아직 충분하지 않다. 2022년 기준, 대한민국은 OECD 국가 중 다섯 번째로 일을 많이 하는 나라다. 가장 근로시간이 짧은 독일과 비교하면 연간 40%나 더 많이 일하는 셈이다. 우리가 지금, 세상 좋아졌다며 감지덕지하는 '하루 8시간 근무'는 19세기 미국 노동자들이 100년도 더 전에 외치던 구호다. 야근 없이 9시 출근, 6시 퇴근을 칼같이 사수할 수 있다고 해도 육아를 제대로 하기엔 역부족이다. 어린이집의 통상 하원 시간은 오후 4시이니 말이다. 7시 30분까지 운영하는 연장반에 맡길 수도 있지만, 내 아이만 혼자 남게 하고 싶지 않은 것이 부모 마음이다. 결국 하원 도우미나 조부모의 도움에 의존하는 수밖에 없다. 여기에 아직 포함하지 않은 출퇴근 시간, 한국 회사 문화에서 빠질 수 없는 저녁 회식과 야근까지 감안하면 더더욱 방법이 없다. 부모의 근무시간에 맞게 운영되는 직장 어린이집에 보내면 좋겠지만, 직장 어린이집에 아이를 맡길 수 있는 부모는 5%가 채 안 된다.*

예정된 시간보다 더 많이 일하는 걸 당연하게 여기는 한국의 오래된 기업 문화는 어떤가. 대기업, 외국계 회사, 스타트업까지 내가 경험했던 모든 직장은 오래 일하는 것을 미덕으로 삼았다. 분명 겉으로는 불필요한 야근을 지양한다고 했다. 그러나 의사결정자들은 오래 남아서 일하는 것을 은근히 칭찬하고 독려했다. 밤늦게까지 일해야만 완수할 수밖에 없는 일정으로 업무 지시를 내리거나, 많은 업무량에 대해 문제를 제기

× 보건복지부, 「2022년 어린이집 이용자 만족도 조사」, 2023년 2월

하면 "다른 팀은 새벽까지 일해요"라며 은근히 경쟁을 부추기는 식으로 말이다. 더 오래 일하는 것이 일 잘하는 기준이 되는 조직에서는 정시 퇴근이라는 노동자의 당연한 권리가 조직에 해를 끼치는 일로 여겨진다. '칼퇴'는 Z세대의 이기적이고 무책임한 행동으로 자주 웃음거리가 되기도 한다.

노동자 스스로가 오래 일하는 것을 훈장처럼 생각하는 문화도 있다. "밥도 못 먹고 일했어." "주말에도 일해야지, 뭐." 와 같은 일상적인 하소연엔 인정 욕구가 담겨 있을 때가 많다. 먹고살자고 하는 일인데, 인간 삶의 가장 기본적인 식사와 휴식을 노동과 자발적으로 맞바꾼다. 숨막히게 돌아가는 일터에서, 빨리 집에 가서 아이를 하원시키고 돌봐야 하는 부모들의 설 자리는 좁아질 수밖에 없다.

집에 와서도 끝나지 않는 일

더 큰 문제는 퇴근 후에도 업무가 계속된다는 데 있다. 기술의 발전 덕분에 직접 얼굴을 보지 않고도 업무가 가능한 세상이다. 보고를 위해 정장을 빼입고 사무실로 가지 않는다. 이제 집에서도 잠옷 바람으로 일할 수 있다. 어린 시절 공상과학영화

낳을까 말까

에서 볼 수 있었던 전 세계 사람들과 화상회의를 하는 장면은 이제 흔한 현실이다. 발리나 치앙마이 등 동남아시아 휴양지에서 낮에는 일하고, 밤이면 나이트 라이프를 즐기는 디지털 노마드의 모습은 여전히 많은 이들에게 동경의 대상이다. 그야말로 자유롭게 언제 어디서나 일할 수 있는 지금, 우리는 정말 자유로워졌을까?

제니 오델은 『아무것도 하지 않는 법』에서 지금은 무척이나 당연해진, 스마트폰으로 업무 메일을 확인하는 방식이 처음 도입되었을 때를 회상하며 다음과 같이 말한다.

> "2011년이던 당시 나는 이메일 확인이 안 되는 휴대폰을 쓰고 있었다. 그리고 이 새로운 근무 형태가 도입된 뒤에는 이메일 확인이 가능한 휴대폰 구매를 더욱더 미루었다. 그러한 휴대폰을 사는 순간 무슨 일이 일어날지 정확히 알고 있었다. 내 목줄은 더 길어지겠지만, 매일 매 순간이 응답 가능한 상태가 될 것이다."

그녀의 예견은 무섭도록 정확했다. 언제 어디서나 연결 가능해진 대신, 원하지 않을 때 그 연결을 끊어낼 힘을 잃었다.

× 58p, 제니 오델, 김하현 옮김, 『아무것도 하지 않는 법』, 필로우, 2023년

일만 하다 끝나는 하루, 아이를? 19

물리적 퇴근은 더 이상 업무의 단절을 보장하지 않는다. 24시간 연결되어 있는 한, 그곳이 어디든 진정한 휴가는 불가능해졌다. 모처럼 떠난 여행에서 이메일 도착 알람이 울리면 깜짝 놀라 바로 손을 휴대폰으로 가져간다. 인수인계를 확실히 했는데도 즉각적으로 두근거리는 마음은 어쩔 수 없다. 퇴근 후에도, 주말에도 쏟아지는 업무 메시지와 이메일을 보기 바쁘다. 알람을 끄고 안 보면 그만이지 않냐고? 내 업무를 평가하고, 연봉 인상률이라는 나의 시장가치를 결정하는 상사가 보낸 업무 요청에 즉각 회신하지 않기란 생각보다 쉬운 일이 아니다. 이런 식으로 사무실 밖에서 주어진 퇴근 후 업무도 엄연히 일이다. 그러나 이 시간은 근로시간으로 계산되지 않는 경우가 많고, 정당한 보상을 받지 못하는 경우도 빈번하다.

일부 국가에서는 '연결되지 않을 권리Right to Disconnect'를 법적으로 보호하려는 노력이 이뤄지고 있다. 연결되지 않을 권리란 근무시간 외의 시간에 업무 관련 이메일, 전화 또는 모든 종류의 연락을 응답 거부할 수 있는 것을 뜻한다. 2017년 프랑스가 세계 최초로 이 권리를 법제화한 데에 이어 이탈리아, 포르투갈, 필리핀 등 여러 나라에서 유사한 내용을 명문화하고 있다.

우리나라는 어떤가. 21대 국회에서부터 입법이 논의되어 왔

낳을까 말까

지만 기업에게 과도한 규제가 될 수 있다는 이유로 번번이 실패해 왔다.[*] 그러는 동안 직장인의 60% 이상이 퇴근 후와 휴일에 업무 연락에 시달린다.[**] 이미 회사에서도 충분히 많은 시간을 보냈다. 그러나 퇴근 후 가족과 함께 보내는 짧은 시간마저도 일로부터 완전히 벗어날 수 없는 현실이다. 하루 종일 일에 매여 있는 한, 아이 생각은 사치처럼 느껴진다. 잠깐이라도, 모두와 단절된 채 진짜 쉴 수 있기를 바랄 뿐이다.

육아하는 동료가 미워진다

상사의 자녀가 초등학생이 되던 해의 일이다. 저녁 6시에 유치원에서 돌아오던 아이가 초등학교에 입학하자마자 점심도 먹지 않고 집에 왔다. 엎친 데 덮친 격으로 엔데믹이 선언되고, 종종 재택근무를 하던 상사의 배우자도 다시 사무실로 복귀했다. 육아는 오로지 집에서 일하는 그녀의 몫이 됐다. 그런 상황

---

[*] 서울경제, ["퇴근 후 연락 말아야"… 22대 국회선 연결되지 않을 권리 인정될까], 2024.07.
[**] 한국일보, [직장인 60% "퇴근 후 업무 연락 시달려" 연결되지 않을 권리 어디에], 2023.06.

이 딱하다고 생각했을 뿐, 상사의 가정에 일어난 변화가 내게 미칠 영향을 처음엔 알지 못했다.

아이를 학교에서 돌봄 교실로, 학원에서 다시 집으로 데려오는 몇 차례의 시간 동안 상사와 업무 연락은 불가능했다. 급하게 의사결정을 받아야 할 때면 난감했다. 어렵사리 잡은 미팅이 아이 하원을 기다리는 카페에서 이뤄질 때면 소음 때문에 그의 목소리가 잘 들리지 않았다. 중요한 팀장급 회의에 내가 대신 참여하는 일도 잦아졌다. 내 업무량만으로도 야근을 지속하던 때여서, 이 모든 변화가 당황스럽고 불편했다. 아이가 초등학교에 입학한 후 여성들의 경력 단절이 가장 많이 일어날 수밖에 없는 이유를 체감했지만, 그와 별개로 내 근무 환경 만족도는 바닥이 됐다. 시간이 얼마 지나, 그때 상사가 퇴사를 생각할 정도로 힘들었다는 걸 알았을 때 마음이 좋지 않았다. 그녀에게 불만을 털어놓았던 일이 괜히 미안해졌다.

온라인 커뮤니티에서 동료가 육아휴직을 내는 바람에 일이 전부 다 본인에게 왔다거나, 육아 때문에 일을 제대로 안 하는 동료를 비난하는 글을 볼 때면 좀 야박하다 싶었다. 유자녀 직원에게만 적용되는 재택근무 혜택이나 축의금, 결혼 휴가를 두고서 역차별이라고 말하는 목소리에도 너무하다고 생각했다. 막상 내 일이 되자 나 역시 뭐 하나 나을 게 없는 사람이었다. 현실적으로, 지금의 일하는 환경에서는 육아하는 동료를 미워할 수밖에 없다. 동료에 대한 넉넉한 마음이 부족한 것도 사실이지만, 개인의 이해심에만 이 상황을 맡기려는 것도 문제다. 대체 인력을 유연하게 구하기도 어렵고, 동료의 상황에 따라 목표나 업무량을 줄여주는 경우도 미미하니 말이다.

동료가 임신했다는 소식엔, 축하 인사 뒤로 '어이쿠' 하는 감정이 공유된다.

> '어이쿠, 벌써? (입사한 지 얼마 안 됐는데)'
>
> '정말, 또? (첫째 낳은 지 얼마 안 됐는데)'

줄곧 여성 직원이 다수이며, 여성이 주 고객인 물건을 만드는 회사에서 일해왔어도 그렇다. 일과 육아를 모두 해내려면 엄마인 여성은 어느 정도 미움받을 용기를 감수해야만 한다. 죄스러운 동료가 되거나, 커리어 중단을 고려, 혹은 피나는 노력을 해야만 한다.

프랑스계 글로벌 기업에 다닐 때 딱 한 번, 조금 다른 경험을 한 적이 있다. 한창 코로나19가 유행하던 시기, 프랑스 본사 매니저에게 메일을 보내자 자동 응답 메시지가 날아왔다.

"락다운으로 내 아이가 등교를 못 하고 있어요.
아이와 함께 있어 업무 답변이 느릴 수 있습니다."

연차휴가를 낸 것도 아니고, 아이를 돌보면서 일하겠다는, 게다가 답변이 느릴 거라는 당당한 문장은 신선한 충격이었다. 양해를 부탁한다거나 죄송하다고 덧붙이는 말조차 없었다. 당시 내가 속한 한국 지사는 육아휴직을 자유롭게 쓴 지도 몇 년 안 된 시점이었다. 만약 전통적인 한국 기업에서 여성 매니저가 이런 메일을 보냈다면 어땠을까? 당장 캡처되어 온라인에서 널리 조롱거리가 되었을지도 모르겠다.

부모 손으로 아이 키울 수 없는 사회

일하는 부모의 돌봄 공백을 해결하기 위해 여러 대책이 마련되고 있다. 2023년, 정부는 초등학교 1학년을 대상으로 아침 7시부터 저녁 8시까지 최대 13시간, 학교에서 돌봄을 제공하는 '늘봄학교' 시범 운영을 시작했다. 맞벌이를 하는 부모나, 긴급한 돌봄 공백 시에는 대안이 될 것이다. 그러나 의문이 들었다. 비슷한 시기에 주 69시간 근무가 가능하도록 하는 제도 개편이 발표됐기 때문이다. 주 69시간 근무 제도는 시대를 역행한다는 거센 반발에 한발 물러선 것으로 보이나, 출산율 1.0 회복을 목표로 하는 정부에서 이런 안을 내놓았다는 건 좀처럼 믿기 어려운 일이다.

일을 하면서 아이를 키우는 지인들은 온전히 아이와 함께하는 시간이 턱없이 부족하다고 말한다.

> "집에 와서 아이와 눈을 맞추고 대화하는 시간이 고작 한두 시간뿐인데, 이렇게 회사를 다니는 게 맞나 싶어."

아무리 육아가 양보다 질이라지만 하루 중 대부분의 시간을 노동에 쏟는 상황에서, 어떻게 아이와 충분히 교감할 수 있을까. 이런 환경에서 엄마, 아빠를 하루 종일 일터로 내몰고, 아이를 종일 학교에서 봐준다는 정책은 당황스러울 뿐이다.

2024년 시범 시행을 한 해외 가사관리사 제도 역시 마찬가지다. 이미 다른 나라에서 잘 운영되고 있는 시스템을 벤치마킹한 것도, 개발도상국 여성들을 가사도우미로 고용해 돌봄 공백을 덜자는 취지도 대충 알겠다. 그러나 이 역시 핵심을 놓치고 있다는 생각이 든다. 부모가 직접 아이를 돌보는 상황을 만드는 게 아닌, 다른 이들의 노동력으로 육아를 대체하려는 시도는 우려스럽다. 이 제도가 한국 사회에 성공적으로 안착할지는 지켜봐야 할 일이지만, 가사도우미의 임금이 너무 높다는 식으로만 논의가 이어지는 게 현실이다. 만약 부모가 된다면 아이가 무슨 생각을 하고, 오늘 무엇을 하는지 알지 못하는 부모는 되고 싶지 않다. 비용은 그 다음에 논해야 할 일이 아닐까.

결국, 지금, 이 나라에서 출산을 머뭇거리게 되는 핵심 원인은 부모 스스로 아이를 돌볼 수 없는 환경에 있다. 아이를 낳아서 키운다면 내 손으로 키우고 싶은 마음은 당연한 것 아닐까. 일과 시간은 기관에 보내더라도 그 외에 부모가 채워줘야 할 시간을 조부모나 시터에게 맡기고 싶지 않다. 그렇다면 내가 아이를 낳고 선택할 수 있는 유일한 방법은 직장을 그만두고 전업주부가 되는 것뿐이다. 그러나 직업을 포기해 가며 출산율에 이바지하고 싶은 생각은 아직 없다.

이런 고민을 대부분 여자들만 한다는 것도 한편으론 문제 아닐까.

그녀들은 나약하지 않았다

온라인 커뮤니티에서 '애 엄마는 커리어를 포기해야 하나 봐'

낳을까 말까

라는 글을 읽었다. 글쓴이는 본인을 커리어 욕심이 남다른 엄마라고 소개했다. 아이를 낳고 복직한 다음에도 육아보다 회사일을 더 열심히 해서 '독한 엄마' 소리를 들을 정도였다고 한다. 그러다 아이 하원을 담당하던 남편의 갑작스러운 이직으로 어쩔 수 없이 육아기 근로시간 단축 제도를 사용했다. 그녀는 평일에 한 시간 일찍 퇴근하는 대신 주말 잔업을 통해 동료에게 민폐를 주지 않고 업무 공백을 만들지 않았다고 했다.

업무 성과는 다른 동료 대비 뒤처지지 않았다. 하지만 그녀의 인사고과는 좋지 않았다. 단축 근무를 했다는 이유만으로 '일찍 퇴근하는 직원'이라는 프레임이 씌워졌기 때문이다. 윗세대 상사에게 '우리는 그런 제도 없이도 아이를 다 키웠는데 참 유난이다'는, 미혼인 동료들에게는 '나한텐 해당 없는 특혜니까'라는 따끔한 눈초리와 함께. 일하는 부모의 육아를 지원하는 다양한 제도가 생겨나고 있지만 실제 직장 환경에서는 뻔히 있는 제도를 사용하는 것만으로도 괘씸죄가 적용된다. "모든 제도를 다 쓰면 커리어를 포기하는 거나 다름없다"는 댓글에 많은 일하는 엄마들이 우는 얼굴 이모티콘을 달며 공감을 표했다.

임신을 하고 육아휴직을 쓴 뒤 회사를 떠난 여자 동료들을 봤다. 어떻게든 육아와 일을 병행하다가 중간에 포기한 여자들도 있었다. 나는 그녀들이 나약하다고 생각했다. '조금만 더 버텨보지.' 잘나가던 선배가 전업주부가 되는 게 아쉬웠다. '나 같아도 여자 직원 안 뽑겠다. 여성의 커리어 발전이 이렇게 또 멀어지는구나' 하고 원망스러웠다.

그러나 아이를 낳을까 고민하는 지금, 이 모든 부조리가 생생하게 다가온다. 그녀들이 최선을 다했음을 이제야 이해한다.

＋

365일 일에 허덕이며 살진 않는다. 일이 마구 몰릴 때가 있는 반면, 조금 한가한 날도 분명 있다. 배우자와 집에서 함께 저녁을 먹는 평일, 잠들기 전 한 시간 정도 책을 읽는 여유로 하루를 마무리하는 날, 미처 다하지 못한 일 생각 같은 건 안 하는 날도 있다. 그럴 때면 아이를 낳을까, 하는 마음이 슬쩍 찾아온다. 일에 파묻혀 있는 대부분의 날엔 아이를 떠올릴 여력이 없다. 인구 감소로 인해 국가가 없어질지도 모른다는 걱정을 할 여유는 더더욱 없다. 내 일상 속, 아이를 생각할 작은 틈이 있어야 엄마, 아빠가 될 마음을 먹을 수 있으리라.

아이와 눈을 충분히 마주치고, 별것 아닌 대화를 하며, 함께 밥을 먹는…. 그런 날을 보내며 나의 직업도 포기하지 않는 날이 언젠가 오긴 올까.

돈이 전부인 나라에서
아이 낳을 결심하기

몇 년 전에 읽은 어느 유명인의 인터뷰가 아직도 인상 깊게 남아 있다. 성공 비결을 묻는 질문에 그는, 종종 자신에게 이런 질문을 던진다고 했다. "진짜 돈 많이 벌면 뭐 할래?"

그는 이 질문에 대한 답으로, 지금 떠오르는 일을, 되도록 당장, 돈이 충분하지 않더라도 어떻게든 실행해 왔다고 했다. 바로 그것이 진짜 내 마음이 원하는 일일 가능성이 높기 때문이라고 했다. 돈이라는 현실적인 제약 때문에 감히 마음에 품기도 조심스러웠던 진짜 꿈 말이다. IT 기업에 다니던 그에게 그 꿈은 사양 산업이던 '잡지'였고, 그렇게 시작한 잡지는 이제, 전 세계 많은 이들의 사랑을 받는 매거진이 됐다.

2024년 총선 때 집으로 배달된 선거 공보물을 하나씩 보던 때였다. 그중 한 의원의 재산 신고액을 보고 깜짝 놀랐다. 자그마치 1,400억이었다. 140억이 아니라 1,400억? 처음엔 숫자를 잘못 읽은 줄 알았다. 돈이 많고 적다는 게 아무리 상대적이라지만 1,400억이라는 돈은 누가 봐도 절대적으로 많은 금액이 아닌가. 의학박사에, 유명한 기업을 창립한 사람이니 돈이 많을 순 있겠지. 그래도 잘 이해가 가지 않았다. 이미 3대의 생계는 걱정하지 않아도 좋을 돈이 있는데 왜 굳이 정치를 하려는 걸까? 정치인으로서의 호불호는 잠시 제쳐두고, 그에겐 정치, 혹은 명예가 본질적인 욕망이구나 싶었다.

문득 궁금해졌다. 1,000억이라는 돈을 기준 삼아 내게도 질문을 던져본다. 1,000억이 있다면 나는 아이를 낳고 싶을까?

"1,000억이 있다면 아기 낳을 것 같아?"

"음, 낳아도 괜찮지 않을까?" "나도 그렇게 생각해."

의외로 나와 배우자의 대답은 바로 '낳자'로 모였다. 이왕이면 쌍둥이였으면 좋겠다고도 생각했다. 어쩌면 셋째까지도 괜찮지 않을까. 대체로 아이를 낳고 싶지 않다는 마음이 지배적인 나인데, 1,000억이라는 숫자 앞에서는 너무 쉽고 빠르게 답이 나왔다. 그렇다면 우리는 지금 가진 돈이 충분하지 않아서 아이 낳는 것을 주저하고 있는 걸까? 사실 마음 깊은 곳에

낳을까 말까

선 아이를 원하고 있는 걸까?

진짜 꿈을 따라 잡지를 만든 그 기업인의 인터뷰대로라면, 우리도 마음의 소리를 따라 지금 당장 임신 준비를 시작해야 할 터였다.

돈이 없어서 아이를 못 낳는 걸까?

자본주의 사회에서 생존 도구인 돈은 너무나 중요하다. 돈 때문에 울고 웃으며, 죽고 살기도 하는 세상이다. 우리는 하루 대부분의 황금 같은 시간을 돈을 버는 데 쓴다. 이렇게까지 돈을 위해 살아야 하나 싶을 때도 있지만, 직장에서 연차가 쌓일수록 고된 노동과 교환하여 얻은 돈의 소중함을 깨닫는다. 어쨌든 돈이 있어야 생활도 꾸리고, 미래도 그릴 수 있다. 한 해 한 해 조금씩 올라가는 월급과 성과급에 감사할 따름이다.

다행히 둘이 벌어 둘만 사는 무자녀 부부의 삶은 여유로운 편이다. 기분이 내키면 외식도 하고, 갖고 싶은 물건을 큰 고민 없이 사기도 한다. 1년에 한 번 이상 해외여행도 간다. 물려받을 유산이 있는 '금수저'도 아니고, 평생직장이 보장되는 공무원도, 고연봉 전문직도 아니다. 엄청난 주택담보대출을 갚으며 사는 평범한 사기업 직장인이지만 이만하면 크게 부족하지 않은 생활이 아닌가. 이렇게만 평생 지낼 수 있다면 좋겠다는 얘길 남편과 나누기도 한다. 가끔 노후 걱정이 밀려오지만 둘 뿐인데 뭐, 두 사람 모두 건강하기만 하다면 어떻게든 헤쳐 나갈 수 있을 거라 생각한다.

한편 지금의 소소한 풍요가 아이를 낳는 순간 끝나리라는 것도 잘 알고 있다. 한국에서 아이를 대학 졸업시킬 때까지 3억 원이 넘게 든다는 얘긴 익숙하다. 이 억 소리 나는 금액은 평균일 뿐이다. 소득 구간이 높을수록 그 금액은 더 커진다. 월 소득 500만 원대 가구에서는 5억 원 이상, 600만 원 이상인 가구는 10억에 가까운 금액을 쓰는 것으로 예측됐다. 10년 치 연봉을 고스란히 자녀에게 쏟아붓는 셈인데, 1인당 GDP에서 차지하는 비중으로는 세계에서 가장 높은 수준이라고 한다.[*]

물론 부모가 될지, 말지를 비용 대비 효용으로만 결정할 수는 없다. 아이가 그 무엇과도 비교할 수 없는 행복을 주고, 인간으로서 성숙까지 가능케 한다는 점에서 나는 엄마 되기를 진지하게 고민하고 있다. 그럼에도 불구하고 한국 사회에서

✕ 동아일보, [아이 낳아 대학까지 보내려면 직장인 10년치 연봉 쏟아부어야], 2019.10.

낳을까 말까

저출생 시대이지만 프리미엄 아동복의 매출은 계속 늘어나고 있다.

아이를 낳고 기르는 일이 경제적 측면에서 상당한 도전이라는 건 반박하기 어렵다.

아이를 덜 낳는 세상이지만, 태어난 아이 한 명에게 쓰는 돈은 점점 늘어난다. 경제 불황과 출산율 감소에도 아동복 시장은 두 자릿수 성장률을 지속하는 중이다.* 백화점의 유아/아동 층엔 명품 브랜드의 키즈 전문숍이 입점되기 시작했다. 해외 브랜드 옷을 직구하고, 온라인 커뮤니티에서 신제품 출시, 할

✕ 매일경제, [저출생에도 '골드키즈' 잘나가네…프리미엄 아동복 시장 '쑥'], 2024.03.

인 소식을 공유하는 것이 하나의 유행이 되었을 정도로, 아이에게 예쁘고 좋은 옷을 입히고 싶은 열망은 더 커지고 있다.

옷은 일부분일 뿐이다. 여행과 호캉스 등 아이의 다양한 경험 자산을 위해 쓰는 비용도 만만치 않아 보인다. 학기 중에 체험학습을 쓰지 않고 꼬박꼬박 출석한 아이는 '개근거지'라고 놀림 받는다는 사실이 알려지며 사회에 큰 충격을 주었다. 연간 약 1,000만 원 정도가 든다는 성장 호르몬 주사**를 아이를 위해 선택하는 부모도 적지 않다. 이미 성인이 된 자녀에게 들어가는 비용 역시 끝이 없어 보인다. 지역 기반 온라인 커뮤니티에서는 '아이 첫 차로 뭘 사주면 좋을지' '대학생 용돈은 얼마를 줘야 할지' '대학교가 멀어 온 가족이 이사를 고려하고 있다'는 글도 종종 올라온다. 요즘 부모들의 평균적인 씀씀이를 보면 90년대생인 우리 세대가 참 가성비 있게 자랐다는 생각이 들 정도다.

아이에게 아낌없이 해주고 싶은 부모의 마음은 충분히 공감한다. 어차피 낳아 봤자 한두 명일 텐데, 어떻게 안 그럴 수 있을까. 아마 나도 마찬가지일 거다. 남들 하는 건 다 해주고도

×   머니투데이, ['개근거지' 아세요?…교실에 퍼진 新혐오], 2020.02.
×× 서울신문, ["키 크는 주사"…1,000만원짜리 호르몬 맞는 유치원생들], 2023.09.

낳을까 말까

모자라 최고로 좋은 것을 주고 싶을 것이다. 내가 선택해서, 우리가 이 땅에 태어나게 한 존재다. 적어도 나보단 더 나은 환경에서, 나보다 더 많이 배우고 경험할 수 있도록 애쓸 것 같다. 그렇다면 우리의 노후 대비는 가능할까? 생활은 지금보다 얼마나 더 빠듯해질까?

돈이 전부인 나라에서 아이 낳을 결심하기

단순히 돈만 많이 드는 거라면 어떻게든 노력해 볼 수 있을 것이다. 연봉을 높이고, 일을 더 많이 하고, 지금 생활 수준에서 지출을 줄이면 된다. 할 수 있는 만큼만 해주면 된다. 그러나 진짜 문제는 따로 있다. 내가 진심으로 걱정하는 건, 돈이 전부라고 여기는 사회 분위기이다.

2021년, 미국의 한 여론조사기관에서 발표한 설문 결과에 온라인이 떠들썩했다. '당신의 삶을 의미 있게 만드는 것'을 묻는 질문에 한국이 '물질적 풍요'를 1순위로 답변한 유일한 나라로 집계됐기 때문이다. 대부분의 국가에서 '가족'을 삶의 큰 의미로 꼽은 것과 대비되는 결과다. 한국은 단 16%만이 가족을 선택했다고 밝혀졌고 큰 충격을 주었다.* 그러나 이 조사의 한계점이 차차 드러났다. 한국은 한 가지 응답만 제시한 비율이 가장 높은 나라로, 복수 응답을 한 다른 나라와 단순 비교가 어려운 상황이었다. 물질적 풍요 항목을 뽑은 비율 자체는 전 세계 중간값과 유사한 수준이었다. '물질적 풍요'를 단순히 '돈'으로 번역해선 안 된다는 지적도 함께 제기됐다. 이 항목에는 돈 외에도 편안함, 안전, 삶의 환경 같은 정성적인 요소도 포함되어 있었기 때문이다.**

당시 이 통계 결과는 짧은 영상으로 만들어져 많은 이들에게 공유되었다. 어찌 보면 확대 해석된 통계에 우리는 왜 그렇게 뜨겁게 반응했을까? 대한민국이 진짜로 세계에서 돈을 가장 많이 밝히는 나라든 아니든, 우리 사회의 물질 만능주의에 많은 이들이 동감하고 있다는 방증이라고 생각한다.

대기업 직장인의 90%가 가입했다는 온라인 커뮤니티에 단골 주제로 올라오는 몇 가지 글 유형 역시 한국 사회의 현실을 잘 드러낸다. '수도권 동네 급지 정리해 준다'며 각 지역 거

× <"What Makes Life Meaningful?" Views from 17 Advanced Economies>, Pew Research Center, 2021

×× 한국일보, [한국인만 '물질적 풍요' 중시? 조사 보고서 확인해보니…], 2021.11.

낳을까 말까

주지에 등급을 매기는 건 늘 인기 글이다. 부동산 가격 전망에 대해 입장이 다른 상대방을 '폭락이', '폭등이'라고 부르며 댓글로 싸우는 것도 거의 매일 있는 일이다. 직장명이 공개되는 플랫폼의 특성 탓에, 공무원에겐 '200충'이라고 비하하고, 연봉이 높다고 알려진 대기업 소속에겐 '갓OO(회사 이름)'이라며 띄워주는 모습도 흔하다. 교제를 하고 있는 연인과 자신의 '스펙' 즉, 모아둔 돈, 직업, 부모님 재산 등을 나열한 뒤 '누가 아깝냐, 이 결혼 해도 되냐'를 묻는 글도 더 이상 기이하게 느껴지지 않을 정도다. 돈을 얼마나 버는지에 따라, 어느 아파트에 사는지에 따라 누군가를 너무 쉽게 판단하는 이 사회에서 돈은 이미 생존 도구를 넘어선 듯하다. 임대 아파트에 사는 친구를 '휴먼 시아 거지'라고 부른다는 충격적인 팩트가 밝혀진 지 10년이 다 되어가지만, 우리 사회의 배금주의는 더 심해지는 듯하다. 돈이면 다 된다는 사회 면면의 사고방식을 마주할 때마다 암담해지고, 그럴 때마다 아이를 낳고 싶다는 작은 마음은 다시 온데간데 없이 사라진다.

　당장의 분유와 기저귀 값 감당이 어려워 아이 낳기를 망설이는 건 아니다. 맞벌이를 하고 있으니 어떻게든 기본적인 것은 아이에게 해줄 수 있을 것이다. 진짜 걱정은 '다른 집 아이 못지 않게 충분히 해줄 수 있을까'라는 생각에서 온다. 인정하고 싶지 않지만 얼마나 자산을 가졌는지, 얼마나 돈을 쓰는지가 그 사람의 격으로 평가되는 세상이다. 문제는 '다른 집만큼 충분히'가 구체적으로 어떤 수준을 의미하는지 그 절대적 기준이 없다는 데 있다.

육아 관찰 예능과 유튜브를 통해 '신흥 재벌'이라 불리는 연예인 가족의 생활을 속속들이 알게 된다. 어디에 살고, 어떤 국제학교를 보내고, 무얼 입히고 어떤 걸 먹이는지까지. 연예인은 그들만의 세상이라 치자. 보다 현실적인 비교군인 일반인들의 일상 역시 SNS를 통해 그 모습이 드러난다. 나조차도 가장 좋아 보이는 것만 모아 올리는 공간이지만, 내 이웃처럼 평범해 보이는 사람들의 네모난 피드를 보고 있으면, 세상 사람들 모두 나만 빼고 다 여유로운 것 같다. 타인의 SNS에서 보는 최상의 일상은, 나에게는 아이를 낳았을 때 저렇게 해줘야 한다는 기준점이 된다. 엄지손가락 몇 번의 움직임만으로 상대적 박탈감을 경험하는 세상에서, 흔들리지 않을 굳센 의지가 내겐 없다.

이 모든 것에 초연하고자 열심히 마음을 갈고 닦을 바엔, 지금처럼 둘이 여유롭게 사는 편이 낫다는 결론에 도달한다.

아이를 낳지 않는 선택은 개체의 생존 욕구가 유전자의 번식 욕구를 이긴 것이라는 해석을 봤다. 이 말대로라면, 나는 생물종의 가장 원초적인 본능을 억제하고 있는 셈이다. 내가 살아갈, 나아가 아이를 낳아 기를 지금의 환경이 충분히 좋지 못하기 때문이다. 반면 1,000억이라는 돈은 물질적으로 뛰어난 환경을 의미한다. 특히 돈이 최고인 사회에서는 더 그렇다. 1,000억을 상상하면 그제야 숨겨둔 본성이 슬그머니 고개를 드는 건 그 때문이다.

1,000억이 있다면 어느 정도 물질 만능주의를 벗어난 삶을 살 수 있을 것만 같다. 돈보다 가족과 보내는 시간에 훨씬 더 큰 비중을 두는 나라로 이민을 갈 수 있을지 모른다. 우리나라에서 살더라도 돈에 덜 휘둘릴 수 있지 않을까. 생계를 고민하지 않아도 되니 아이에게 공부 열심히 해라, 성공해라 잔소리할 필요 없이 그저 인성 교육에만 힘쓸 수 있을 것이다. 아이러니하지만 돈의 힘을 빌려, 돈이 다가 아님을 분명히 가르쳐 줄 수 있을 것 같다.

처음의 질문, "1,000억이 있다면 아이를 낳을까?"로 돌아가보자.

우리 부부는 1,000억이 있다면 아이를 낳겠다고 답했다. 사실 깊고 깊은 마음속에서는 아이를 원하는 게 아닐까. 이제는 내게도 당연한 본성이 있음을 인정해야 하나. 당장 1,000억이란 돈이 생길 일은 없겠지만, 만약 돈을 얼마나 가졌는지가 덜 중요한 사회라면 용기를 내볼 수 있을지도 모른다. 하지만 돈이 전부인 세상에서 아이 낳는 일이란 나만의 굳은 결심과 용기만으론 어려운 일이다.

'맘충'은 되고 싶지 않아

"난 당신이 싫어요"라는 말을 듣는 건 꽤 타격이 크다.

어떻게 아냐고? 종종 그 말을 듣기 때문이다. 바로 반려견 토리와 함께하고서부터다. 토리는 무게가 11kg쯤 나가는 웰시 코기 믹스견이다. 말티즈나 푸들 같은 작은 강아지가 많은 신도시 아파트 단지에서는 꽤 덩치가 커 보이는 모양이다. 산책하다 만나는 사람들 대부분은 토리를 귀여워해 준다. 하지만, 보자마자 흠칫하며 "아이쿠, 깜짝이야!", "무서워!"라고 말하며 멀리서부터 피하는 사람도 있다.

산책을 위해 집을 나서던 어느 날의 일이다. 내가 탄 15층에서 1층으로 내려가던 엘리베이터가 11층에 멈춰 섰다. 문이

열리자 한 아저씨가 서 있었다. 그는 우리를 보더니 탈 생각을 하지 않고 표정을 굳힌 채 벌레를 쫓듯 손을 휘휘 저었다. '강아지를 싫어하나?'는 생각에 "타세요, 제가 안고 있어요"라고 말했지만, 돌아온 대답은 "나는 개가 싫어요"였다.

그 말에 머리를 한 대 맞은 듯 띵했다.

내가 반려견을 키운다고 해서 모두가 개를 좋아해야 한다고 생각하진 않는다. 나도 원래 개를 좋아하지 않았다. 개에 대해 좋지 않은 기억이 있다면 무서워할 수도 있으리라. 하지만 애써 이해해 보려는 마음과 별개로, 상처는 깊게 남았다. 대놓고 싫다는 이야기를 면전에서 듣는 건 처음이었으니까.

그 집에서 이사를 나오기까지 2년 남짓한 시간 동안, 11층 아저씨와 엘리베이터를 같이 탈 수 없었다. 개를 키운다는 사실만으로도 혐오의 대상이 될 수 있다는 건 상상하지 못한 일이다.

"애가 싫어" 라고 말했던 날들

돌이켜보면 나 역시 그동안 누군가를 대놓고 싫어해 왔다. 노상 흡연을 하는 사람부터 침을 뱉는 사람, 지하철에서 다리를 쫙 벌리고 앉거나 임산부석을 점유한 비임산부까지. 내가 싫어한 사람은 다양했지만, 고백하자면 그중엔 아이도 포함되어 있었다. 사실, 아이를 좋아하지 않았다. 아이란 시끄럽고, 뛰어다니는데다, 여러모로 통제가 안 된다. 하지만 보살펴줘야 하고, 무조건적으로 이해해 줘야 하는 존재였다. "난 애가 싫어, 그러니 안 낳을 거야" 하고 공공연히 말하기도 했다.

카페나 식당에서 아이가 울거나 뛰어다니면 따가운 눈초리를 보냈다. "자기 애를 왜 그냥 두는 거야"라며 부러 들리도록 큰 소리로 중얼거린 적도 있다. 아이와 함께 많이 가는 휴양지나 리조트는 피해야 할 곳 1순위였다. 내가 앉는 비행기 좌석 근처엔 아기가 타지 않기를 바랐다. 다니던 카페가 노키즈존이 되면 환영했다. 차별받는 부모보단 업주의 입장에 더 공감했다. 조카도, 가까운 친구의 자녀도 경험해 본 일이 없는 내게, 아이는 다른 세상의 존재, 남의 일이었을 뿐이다.

그러던 내가 강아지를 키우며 비로소 깨닫게 됐다. 그동안 숨 쉬듯 아무렇지 않게 했던 행동이 바로 약자에 대한 차별과 혐오라는 사실을. 나의 싫어할 자유만 우선했던 지난 과거를 돌아보면 얼굴이 화끈거릴 정도로 부끄럽다. 도대체 내가 무슨 짓을 해온 거지? 내가 긴 시간 표현한 아이들에 대한 혐오에 비하면, 11층 아저씨는 훨씬 점잖았던 셈이다.

좋고 싫음은 얼핏 단순한 취향과 선호의 영역인 듯하다. 하지만 실은 그 이상의 정치적 의미를 담고 있다. 특히 누군가를 제외하고 몰아내는 논리로 사용될 때 그렇다. 『선량한 차별주의자』에서 저자는 권력을 가진 사람의 '싫다'는 말은, 그 자체가 바로 권력이 될 수 있음을 지적한다.

> "싫은 걸 싫다고 표현할 수 있는 건 권력이다. (중략) 무수한 차별이 싫다는 감정에서 나오고, 그 감정이 누군가의 기회와 자원을 배제할 수 있는 권력으로 작동한다. 주류 집단이 누군가를 싫다고 지목함으로써 '낯선 것'을 솎아내는 판옵틱한 감시체제가 작동을 시작하고 공공의 공간을 통치한다."[*]

11층 아저씨의 "개가 싫어요"라는 말은 나와 개를 아파트 엘리베이터라는 공용 공간에서 배제했다. 내가 내뱉었던 아이가 싫다는 말도 다르지 않았다. 아이를 싫어하는 건 내 자유라고 믿었지만 사실은 카페, 비행기, 식당, 여행지에서 아이와 부모라는 한 그룹의 사람들이 제외되기를 바란 정치적 표현이었다.

토리와 산책할 때 나는 무개념 견주가 되지 않으려 애쓴다.

✕ 142~143p, 김지혜, 『선량한 차별주의자』, 창비, 2019

낳을까 말까

토리와 산책할 때는 사람이 없는 길로 가는 게 마음이 편하다.

사람들이 지나갈 땐 보란 듯이 줄을 짧게 잡는 건 기본이고, 괜히 더 과하게 토리를 통제하는 척하기도 한다. 마치, '전 개념 있는 견주랍니다. 우리를 미워하지 마세요!'라고 온몸으로 말하는 꼴이다. 자연스레 우리의 산책은 즐거움보단 긴장의 연속이다. 점점 사람이 잘 다니지 않는 길로만 걷게 된다. 자발적 고립이 누군가에게 강제로 배제당하는 것보단 마음 편하기 때문이다.

개와 함께 있을 때 종종 약자가 되는 경험을 하고 나니, 이제야 못 보고 지나쳤던 세상이 시야로 들어온다. 내게는 그저 시끄러운 존재, 아이를 제대로 돌보지 않는 무개념 부모라는 한 덩어리의 개념이 잘게 쪼개진다. 가까이 들여다 보니 부모 한 명, 아이 한 명이 개인으로 보이기 시작한다. 대부분 아이를 올바르게 키우기 위해 노력하고, 타인에게도 해가 되지 않도록 최선을 다하고 있다. 개념 없는 부모와 아이들만 싫어한다고 한정했지만, 내가 했던 차별은 결국 모두에 대한 구분 짓기와 혐오에 지나지 않았다.

'엄마' 는 여성에게마저 버림받는다

노키즈존 논란이 사회를 뜨겁게 달군 지 벌써 10년이 지났다. 하지만 지금도 우리 사회가 어떤 합의점을 찾았다고 볼 수는 없다. 부모들이 헛걸음하지 않았으면 좋겠다는 바람을 담아, 노키즈존 리스트를 지도로 공유하는 사이트 'yesnokids.net'이 있다. 그에 따르면 여전히 수백 개가 넘는 식당, 카페 등이 노키즈존으로 운영된다. '맘충'이란 단어는 또 어떤가. 엄마와 벌레를 합쳐 개념 없는 엄마를 지칭하는 이 단어로 인해 유자녀 여성들은 바쁜 육아의 무게에 더해 스스로 맘충인지 아닌지

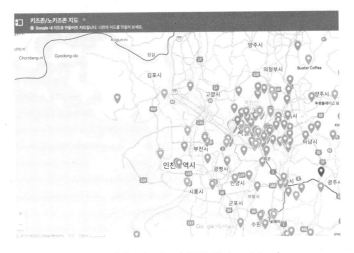

노키즈존 가게를 지도에 표시해 공유하는 'yesnokids.net'.

검열한다.

'맘충'이 사회적으로 이슈가 되면서, 이 표현을 대놓고 쓰는 사람은 줄어든 듯 하지만, 아이를 낳았다는 이유만으로 벌레 취급을 하는 현실은 과연 나아졌을까. 더 슬픈 건, 엄마는 같은 여성에게도 이런 대접을 받는다는 것이다. 2023년, 대형 온라인 여성 커뮤니티들에서 동시다발적으로 일어난 사건들은 이를 잘 보여준다.

해당 커뮤니티들은 2000년대 초반, 정치적으로 진보 성향을 가진 10~20대 여성들을 주축으로 만들어졌다. 커뮤니티가 생긴 지 20년에 가까워지자, 자연스럽게 구성원들의 나이도 30~40대가 되었다. 미혼 여성이 절대 다수였던 초기와 달리, 결혼을 한 여성은 물론 아이를 낳은 여성도 꽤 많아졌다. 정치, 사회 이슈뿐 아니라 일상의 소소한 이야기도 함께 공유하는 커뮤니티의 특성상 결혼, 육아 생활을 담은 글도 올라오곤 했다. 그런데 이런 글이 어떤 이들의 심기를 건드린 모양이다.

갑자기 커뮤니티 내 결혼, 육아 관련 글이 '맘카페성 글'로 규정되기 시작했다. 여성의 나답고 주체적인 삶을 추구하는 커뮤니티의 정체성에 방해가 된다는 이유였다. 처음엔 게시판 하나를 '결혼, 육아방' 등으로 지정해 그곳에서만 아이, 가족 얘기를 할 수 있게 했다. 그러다 갈등이 심해지며 아예 맘카페성 글은 금지가 됐다. 급기야 누군가 "오늘 맛있는 식당에 갔다"며 올린 사진 옆에 아이 손이 나왔다는 이유로, 또 다른 누군가의 일상 사진엔 아동 학습서가 등장했다는 이유로 탈퇴를 당하는 등 상황은 점점 극단으로 치달았다. 이 과정에서 기혼 유자녀 여성들은 다른 회원들에 의해 "가부장제에 자발적으로 노역해 여성 인권을 저해하는 존재"라는 비난과 조롱까지 받았다.

기혼이지만 자녀가 없는 나는 중간에서 혼란스러웠지만, 한 가지를 확실히 느꼈다. '엄마'라는 존재는 같은 여자들에게도 배제당하고, 혐오당한다는 사실을. 수년간 매일 드나들던 커

낳을까 말까

뮤니티였지만 아이를 낳았다는 이유만으로 동료 여성을 '가부장제 노역자'로 전락시키는 데엔 쉽게 동의할 수 없었다. 쓰기도 부끄러운 이런 일이, 내가 페미니즘을 배우고 연대하던 커뮤니티에서 일어났다는 게 지금도 믿기지 않는다. 결국 어떤 커뮤니티는 문을 닫고, 어떤 곳엔 미비혼만 남았다.

한때는 같은 정치적 목표를 갖고 뭉쳤던 몇십만 명의 여성들이 미혼과 기혼 유자녀 여성으로 갈라져 버린 것이다.

'누칼협'의 시대에 엄마 될 결심하기

차별과 혐오가 만연한 사회에서 약자로 사는 일은 점점 더 어려워지고 있다. '누가 칼 들고 협박했어?'의 줄임말인 '누칼협'은 당신의 선택에 누가 등 떠민 적 없으니 불평, 불만하지 말라는 뜻을 담고 있다. 부당함이나 사회적으로 개선이 필요한 영역에 의견을 개진할 때면 어김없이 '누칼협'이란 말이 만능 방패처럼 쓰인다. 온라인 게임 커뮤니티에서 처음 생겨난 이 말은 통제 가능한 게임 공간 속에서는 그럭저럭 통했을지 모른다. 그러나 현실은 게임과 다르다.

과연 우리의 모든 선택과 그로 인한 결과가 온전히 내 탓일까. 거대한 사회 구조와 권력의 소용돌이 앞에 개인의 힘은 미미하다. 절대 개인의 선택으로만 이 모든 일을 설명할 수 없다. 네가 선택했으니 네가 책임져라, 라는 누칼협식 논리가 모든 일에 그대로 적용이 가능하지도 않으며, 그래서도 안 된다.

누칼협식 마음가짐은 약자의 목소리를 지우는 것을 넘어, 약자에 대한 배려를 용납하지 않는다. 얼마 전, 줄을 서야만 빵을 살 수 있는 지방의 유명 베이커리에 대한 미담이 알려졌다. 임산부에게는 줄을 서지 않고 구매가 가능한 '임산부 프리패스'를 준다는 것이었다. "나라가 해야 할 일을 기업이 한다" "역시 그 베이커리답다. 멋지다"는 긍정적 반응이 대부분이었지만, "불공평하다" "임산부가 암행어사냐" "임산부 혜택이 과도하다"는 댓글도 화제가 됐다. 스스로의 선택으로 임신을 해서 그 불편을 감수한 것인데, 왜 대우를 해줘야 하냐는 누칼협식 사고의 전형적인 모습이다. 이렇게 누칼협이 전제된 말이 자주 쓰인다면 우리 사회에 배려, 친절, 양보와 같은 가치는 언젠가 사라지는 게 아닐까.

"차별은 촘촘한 그물과 같아서 누구도 빠져나갈 수 없다."

대학 시절, 여성학 수업에서 들었던 말이 떠오른다. 임산부와 아이에 대한 배려가 충분하지 않은 사회에서 장애인, 노인, 미혼 여성, 청년 취약계층, 반려동물이 그 모습 그대로 존중받을 수 있을까. 불가능하다고 생각한다. 내가 영영 약자가 되지 않을 거라는 믿음은 환상에 불과하다. 우리 모두 나이가 들고, 지금보다 약해질 테니까. 한때 아이를 혐오했던 내가 강아지와 함께하며 혐오를 경험하는 것처럼, 내가 뿌린 혐오의 씨앗이 돌고 돌아 칼이 되어 나를 겨눌 수도 있다. 우리 모두 차별의 그물 속에 서로 연결된 존재다.

개인화된 미디어로 인해 사회의 차별과 혐오는 더욱 심해지는 듯하다. 모두가 매스미디어로부터 균질한 정보를 얻던 시대와 달리, 지금은 개인 편향된 알고리즘의 추천에 따라 세상을 본다. 추천된 미디어는 좌파와 우파, 장애인과 비장애인, 강남과 비강남, 여성과 남성, 기혼과 미혼, 무주택자와 유주택자, 유자녀와 무자녀로 끝도 없이 편을 가른다. 내가 속한 편의 정보만을 얻게 되고, 이로써 상대를 이해할 기회는 점점 사라진다. 갈등은 더 심각해지고, 화해와 연대의 기미는 보이지 않는다. '그건 네 사정이고'라며 자신에게 오는 단 한 방울의 피해조차 용납하지 않는다.

이런 세상에서, 엄마라는 이유로 따라오는 차별과 혐오를 감당할 수 있을까. 그걸 감당하면서까지 아이를 낳아야 할까.

이미 나는 약자됨을 경험하고 있다. 남성 중심 사회에서 여성으로 태어나 공기처럼 붙어 있는 차별을 들이마시며, 언제든 혐오당할지 모르는 반려견주로서 매일 애쓰며 산다. 여기에 더해 아이를 낳아 '엄마'라는 또 다른 약자성을 갖게 될까 봐 솔직히 두렵다. 나에 대한 차별은 견뎌낸다고 치자. 하지만 혐오로 가득한 세상에서 아이를 길러낼 생각을 하면 아득해진다.

+

유럽에서 사는 한국 가족의 일상을 유튜브에서 본 적이 있다. 아이들이 집 앞 좁은 골목 길바닥에서 분필을 가지고 한참 그림을 그리며 놀고 있었다. 집들이 다닥다닥 가까이 붙어 있는 주택가 골목이었다. 무려 네 명의 자녀가, 소리를 지르며 신나게 노는 터라 이웃들은 꽤 시끄럽겠다는 생각이 먼저 들었다. 이어서 이웃 몇 명이 아이들에게 다가왔다. 조용히 해달라는 민원을 제기할 거라 생각했다. 예상은 빗나갔다. 이웃 노인들은 흐뭇한 미소를 지으며 집에 있던 분필을 아이들에게 잔뜩 건네주고 갈 뿐이었다.

기대와 너무 다른 전개에 놀라는 한편, 분필 낙서에 얽힌 몇 년 전의 기억이 오버랩됐다. 개와 산책을 하다 동네 공원 바닥에 지워지지 않은 채 남아 있던 분필 낙서 자국을 발견한 적이 있다. 공공장소에 낙서를 하도록 두고 치우지도 않고 간 부모에 대한 비판을 남편에게 쏟아냈다. 사실 분필 낙서는 비가 오면 금방 지워진다. 그 낙서가 내게 준 피해가 도대체 무엇이었을까. 지금 생각해 보면 딱히 없다. 그냥 눈에 거슬렸고, 그동안 해온 익숙한 방식으로 혐오를 했을 뿐이다. 유럽 할머니, 할아버지처럼 그냥 귀여워했을 수도 있을 텐데, 왜 그리 각박하게 굴었던 것일까.

한쪽에서는 저출생이 문제라고 걱정하고, 다른 쪽에서는 아이를 혐오하는 사회. 이런 사회에서 아이를 낳는 고민은 어려울 수밖에 없다. 먼저 나부터도 혐오 가득한 사회의 공범이었으니 말이다.

한국이 아닌
다른 나라라면

"어쩌면 주재원으로 나갈 수 있을지도 몰라."

배우자가 다니고 있는 회사는 해외 주재원 발령이 잦다. 원한다고 모두 다 갈 수 있는 건 아니지만, 이전 직장에 비하면 확률이 꽤 높아 보였다. 주재원? 순간 배우자의 해외 발령으로 회사를 떠난 선배들의 마지막 모습이 떠올랐다. 기쁨을 감추지 못하던 그녀들의 표정, 남겨진 이들의 부러움 가득한 한숨. 우스갯소리로 '삼대가 공덕을 쌓아야만' 될 수 있다던 주재원 아내의 자리가 내게도 그려볼 만한 미래가 될 줄이야.

"외국에서 몇 년이라도 아이를 키울 수 있다면 낳아보는 게 어때?"

쉽사리 낳을까, 말까에 대한 결정을 내리지 못하던 우리에게 '주재원'이라는 세 글자가 가져온 파급력은 엄청났다. 아이 낳는 문제는 가장 시급한 우리 부부의 고민으로 부상했다. 나의 주도로 어떻게든 아이를 가져보자는 쪽으로 논의가 이어졌다.

유치원 말부터 초등학교 저학년 때가 주재원 발령의 황금기라고 한다. 모국어를 충분히 습득한 이후 외국어를 쑥쑥 흡수할 수 있는 시기, 귀국한 다음에도 치열한 한국 교육 시스템에 금세 적응할 수 있는 때라서 그렇다고 한다. 재빨리 머릿속으로 셈을 해보았다. 지금은 없는 아기를 당장 만든다고 해도 이미 최적의 시기를 맞추긴 늦었다. 우리는 적어도 아이가 유치원을 다닐 즈음으로 시기를 맞춰보자는 전략을 세우기에 이르렀다.

일단 아이를 하루라도 빨리 낳아야 한다. 나이를 생각하면 난임 전문 병원부터 예약해야겠지. 평소에 아이를 별로 원한 적도 없던 마음이 핑핑 돌며 조급해졌다. 이직한 지 얼마 되지 않아 막 적응 중인 남편을 들들 볶았다. "어린이집도 지원이 되는지 알아봐라. 나갈 수 있는 법인은 어느 나라에 있냐. 가장 빨리 갈 수 있는 시기는 언제냐. 가급적 영미권으로 어필해 보자."

여기서 끝이 아니었다. 틈만 나면 해외 주재원 생활 중인 이들의 브이로그를 찾아봤다. 한 번도 관심을 가진 적 없었던 아이의 이중언어 습득 시기, 외국 어린이집의 보육 환경 같은 걸

검색해 보기도 했다.

　나의 이런 갑작스러운 변화에 남편은 거의 넋이 나갈 지경이었다.

'우리나라라서' 아이를 키우고 싶지 않다

외국에서 키울 수 있다면, 아이를 낳을 마음이 왜 생기는 것일까? 출산의 고통과 육아의 고단함이 나라를 바꾼다고 사라지는 건 아닌데 말이다. 나는 정녕 근본 없는 사대주의자인 것일까? 대단한 애국자는 아니지만 나고 자란 국가에 대한 애정이 있다. 올림픽에서 우리나라의 경기를 볼 때면 자연스레 눈물이 흐르고, 세계로 뻗어나가는 K-문화에 자긍심도 느낀다. 어릴 때부터 해외 생활을 동경해 온 건 사실이지만, 외국 생활이 녹록하지 않다는 걸 미국 교환학생 경험을 통해 어느 정도는 알고 있다.

　그럼에도 우리나라에서 아이를 낳고 싶지 않다는 마음은 변함이 없다. 만일 외국 남성과 결혼해 외국에서 살았다면 임신, 출산을 이토록 주저했을까. 씁쓸하게도 그러진 않았을 것 같다. 결국 나는 대한민국, 이 나라이기 때문에 아이 있는 삶을 망설이고 있다. 내 아이는 나와 같은 유년 시절을 보내지 않기를,

나처럼 보통의 한국인으로 자라지 않기를 바라기 때문이다.

우리나라 아이들이 행복하지 않다는 건 모두가 아는 얘기다. 한국의 어린이·청소년은 OECD 국가 중에서 가장 행복 지수가 낮다.[*] 최근 조사에서 아동행복지수는 100점 만점에 45.3점으로 집계됐는데, 이마저도 고등학생은 30.3점에 그쳤다.[**] 짐작할 수 있듯, 적은 수면 시간과 과다한 공부 시간이 그 원인으로 꼽혔다. 비슷한 시기에 발표된 다른 통계에 따르면, 중고등학생의 41%가 스트레스를 '많이' 느끼고 있으며 일상생활을 중단할 정도의 심한 우울감을 느낀 학생도 29%에 달한다고 한다.[***] 슬픈 현실이지만, 더 슬픈 건 우리가 더 이상 이런 보도에 놀라지 않는다는 사실이다. 과거에도, 지금도 학생은 당연히 공부하느라 불쌍한 존재였으니까.

나 역시 그다지 행복하지 않은 학창 시절을 보냈다. 경기도 1기 신도시에서 빠듯하게 자란 나는 대단한 사교육을 받은 편은 아니었다. 다닌 학원이라곤 영어, 수학 정도가 전부였으니 '강남 8학군' 아이들에 비하면 살살 길러진 셈이다. 그럼에도

---

[*] 한국방정환재단, [2021년도 한국 어린이·청소년 행복지수], <국제비교연구조사결과보고서>, 2021년 12월

[**] 초록우산, <2024 아동행복지수 생활시간 조사 결과>, 2024년 12월

[***] 여성가족부, <2023년 청소년 통계 발표>, 2023년 5월

어린 시절을 떠올리면 친구들과 놀던 추억보단 학원에 가거나 숙제를 했던 기억이 지배적이다.

교육이란 본디 전인적 인재를 길러내는 것이라고 배웠다. 그러나 내가 경험한 교육은 입시 결과만을 향해 있었다. 중학교 1학년 때 다니던 수학학원에서는 쪽지 시험을 본 다음 틀린 개수만큼 맞았다. 그것도 30cm 플라스틱 자를 세로로 세워 손등 위쪽을 내려쳤다. 외국어고등학교 입시를 준비하던 영어학원에선 하루에 단어를 500개씩 외우도록 했고, 시험에 통과할 때까지 나머지 공부를 시켰다. 외국어고등학교에 입학해 모의고사를 보고 나니, 전교 1등부터 50등까지의 이름이 학교 복도 벽에 붙었다. 고1 때 담임 선생님은 조회 시간에 갑자기 칠판에 크게 한 지방 사립대의 이름을 적더니, 이런 곳에 가서 인생을 종치고 싶냐고 반 아이들을 향해 윽박을 질렀다.

이제 와서 예전 선생님들을 비난하려는 게 아니다. 학생들의 동기부여를 위해 굳이 하지 않아도 되는 수고를 하며 애썼음을 안다. 치열한 입시 경쟁에서 살아남기 위한 차별화 전략이었을 수도 있다. 그럼에도 이런 기억을 한데 모아 돌아보면, 나의 10대가 너무 가엽다. 간절히 원하는 꿈을 위해 인내하며 보낸 거라면 의미 있는 시간이었을 거다. 그러나 내가 뭘 좋아하고, 어떤 꿈을 가졌는지는 중요하지 않았다. 대학 입시 결과

낳을까 말까

표에서 단 한 칸이라도 높은 과에 합격하는 게 그 모든 일들의 유일한 의미였으니 말이다.

이런 경쟁이 정말 교육이 맞나? 아무리 어렸어도 그게 정상이 아니라는 건 알고 있었다. 그때 손을 번쩍 들고선 "선생님, 이건 아니잖아요!"라고 외치고 싶었지만, 그런 말은 매번 상상으로 끝날 뿐이었다.

레이스는 4세부터 시작된다

요즘 아이들의 상황은 나아졌을까. 시간이 흘러 변한 것들이 보인다. 체벌이 전면 금지되었고, 선생님에게 매를 맞는 일은 거의 일어나지 않는다. 한층 자유로운 헤어스타일을 한, 편안한 교복 차림의 학생들을 본다. 아이들의 정서, 건강에 대한 엄청난 정보가 홍수처럼 쏟아진다. 부모들은 자녀를 위해 아낌없이 비용을 투자한다. 하지만 여전히 성적보다 중요한 게 없다는 점에선 별로 달라진 게 없어 보인다. 어떤 면에선 오히려 요즘 아이들이 내가 겪은 시절보다 훨씬 더 시달리는 것 같다.

대치동에서는 명문대 입학을 위한 레이스가 무려 4세부터 시작된다고 한다. 유명 영어 유치원에 들어가기 위한 레벨 테스트인 일명 '4세 고시'를 통과하는 것이 첫 관문이다. 이후엔 '7세 고시'라 일컬어지는 대형 초등 영어학원 입시가 이어진다. 최근 한 인기 있는 학원에는 무려 1,000명이 넘는 학생이 이 입학 시험에 몰렸다고 한다.

얼마나 어렵길래 레벨 테스트에 '고시'라는 명칭이 붙었을까. 어느 TV프로그램에서 입수한 한 학원의 실제 시험지에는 A4 한 페이지에 작은 글씨로 빼곡히 쓰인 긴 지문이 있었다. 이 지문을 읽고 30여 개의 객관식 지문을 빠른 시간 내에 푼 뒤, 서론, 본론, 결론을 나누어 에세이 답안까지 작성해야 한다. 현직 교육 전문가들은 "초1 아이들에게 고1 모의고사 수준의 문제를 풀게 한다" "만 5세 아이에게 추론 능력 시험 문제를 내는 건 지적인 학대"라고 평가했다.[*]

레벨 테스트에 대비하는 별도의 과외를 받거나 '프렙'이라 불리는 또 다른 학원에 등록하는 일도 이제는 흔한 일이다. 나이에 맞지 않는 과도한 사교육 때문에 언어 장애가 오거나 우울증을 겪는 아이도 늘어나고 있다.

정식 교육 과정에 들어선 뒤에도 경쟁은 당연한 수순이다. 그나마 수능의 중요성이 어느 정도 남아 있던 우리 때와는 달

× KBS 〈추적60분〉, [7세 고시, 누구를 위한 시험인가], 2025.02.

낮을까 말까

'7세 고시'를 준비하는 과정을 담은 드라마 〈라이딩 인생〉의 한 장면.

리, 학교 내신도 잘 챙겨야 할 뿐 아니라 완벽한 생활기록부를 만들기 위해 각종 활동까지 해내야 한다.

상위 1%의 사교육은 언제나 치열했을 것이다. 한 가지 다른 게 있다면 과거엔 소수만의 것이었던 정보가 지금은 모두에게 노출된다는 것이다. 사교육 시장은 방송과 유튜브, SNS를 통해 수시로 공포와 불안감을 부채질한다.

내가 엄마라면 이런 환경에서 초연할 수 있을까? 강남의 잘하는 애들은 이렇게까지 한다는데, 그걸 알면서도 시키지 않을 자신이 없다. 가만히 있다는 이유로 뒤처지는 레이스에서, 내 아이로 하여금 트랙을 벗어난 길을 천천히 걷게 할 용기가, 그걸 담담하게 바라볼 강단이 과연 있을까? 나 역시 그런 입시

경쟁을 통과한 사람으로서, 내 아이에게 그러지 않으리라는
보장이 없다.

'행복 지수 1위'인 나라는 어떻게 다른가

주재원 파견이라는 행복한 상상을 하며 여러 나라를 찾아보
다가, 아이들의 행복 지수는 물론 성인의 행복도도 늘 세계 상
위권을 차지하는 네덜란드에 눈길이 갔다. 하나씩 알아볼수록
우리와는 달라도 너무 다른 네덜란드의 교육 환경에 여러 차
례 충격을 받았다.

  네덜란드의 초등학교에는 대체로 숙제가 없다고 한다. 모
든 학습은 일과 시간에 충분히 소화 가능한 수준으로 이뤄진
다. 교과서를 집으로 가져가지 말라고 하는 학교도 있단다.* 시
험이 있지만 10점 만점에 6점만 맞으면 부모도, 아이도 만족
하는 문화라고 한다. 여기엔 모두가 공부를 잘할 필요가 없다
는 사고가 깔려 있다. 우리나라의 대학에 해당하는 학문 중심
의 학교에 진학하는 학생의 비율은 20% 정도에 불과하다. 나

✕ 레이디경향, [행복을 만드는 네덜란드 공교육의 힘], 2012.07.

낳을까 말까

네덜란드 초등학교에서 자유로운 시간을 보내는 아이들.

머지는 직업 전문 학교에 진학하거나 바로 취업을 한다.[*] 공부를 하지 않는다고 해서 인생에 실패했다는 생각이나 삶의 질이 낮아진다는 생각이 없기에 가능한 일이다.

영어학원이나 영어유치원이라는 게 따로 없지만 학교 수업만으로도 네덜란드의 영어 구사 능력은 세계 최고 수준이다. 한편 네덜란드에서 무엇보다 중요하게 여기는 것 중 하나는 생존 수영이다. 대부분의 부모들이 만 10세 이전에 국가 수영 자격증을 취득하게 한다. 시험은 영법을 얼마나 정확하게 구사하

× 한국교육신문, [〈네덜란드〉 왜 모두 대학 가야 하나요?], 2012.08.

는지 정도를 측정하지 않는다. 대신 실제 긴급 상황에서의 대응력을 보기 위해 일상복을 입은 채 물안경이나 수모 없이 일정 거리를 헤엄칠 수 있는지 본다.* 위급 시 반드시 필요한 기술을 제대로 가르치는 방식은 실용적이고 유익해 보였다.

　네덜란드 아이들이 너무 부러웠다. 부럽다 못해 샘이 났다. 내가 살아온 것과 판이한 그들의 삶을 들여다 보며 상상했다. 만약 이런 교육을 받고 자랐다면 나는 어떤 사람이 되었을까? 공부를 잘해야 성공한다는 압박이 없었다면 그대신 어떤 배움을 선택했을까? 학교와 학원에 처박혀 있는 대신, 자연과의 교감을 일찍 깨우쳤더라면, 친구들과 함께 땀 흘리며 경기하는 즐거움을 배웠다면 지금 난 어떤 어른으로 살고 있을까?

　물론, 단점 없는 사회는 어디에도 없다. 책이나 유튜브로 얻을 수 있는 단편적인 정보만으로 타국의 삶을 감히 판단하기는 어렵다. 한국이 명백히 더 뛰어난 점도 많다. 세계 최고 수준의 의료 제도나, 영유아를 키우는 데는 교육비가 거의 들지 않는다는 점이 그렇다. 교육 기관에서 이토록 양질의 돌봄과 식사가 제공되는 나라도 많지 않다고 한다. 어쩌면 치열한 우

×　EBS 뉴스, [네덜란드 '생존 수영' 수업…실제 상황 그대로 스스로를 지키기], 2021.07.

낳을까 말까

리네 교육 덕분에 세계적으로 인정받는 K-신드롬이 가능했던 걸지도 모른다.

그럼에도 누군가 내게 아이 기를 나라를 선택할 기회를 준다면, 주저 없이 한국이 아닌 네덜란드를 고를 것이다. 아이는 아이답게 자라야 한다고 믿고 있지만, 한국의 교육 환경에선 부모의 확고한 신념 없이 그 마음을 유지하기 어렵다. 나 역시 그렇게 길러졌으니 말이다. 가능하다면 내 아이는 네덜란드 아이들처럼 생각하고 배웠으면 좋겠다. 무한한 가능성이 열려 있는 어린 시절을 학원 숙제를 하며 보내는 것이 아니라, 충분한 꿈을 꾸며 채워 나가기를 바란다. 네덜란드에서 단 4년이라도 아이를 기를 수 있다면, 기꺼이 '낳을까?' 쪽으로 기우는 마음은 바로 이 때문이다.

비단 태어날 아이를 위해서만은 아니다. 엄마 입장에서도 외국이라는 양육 환경은 매력적인 선택지로 느껴진다. 한국식 스파르타 교육을 받고 자란 내가 아이에게 공부 강요를 하지 않을 수 있을까? 하나만 틀려도 벌로 매를 맞았던 내가, 60점을 받아온 아이에게 잘했다고 미소를 보낼 수 있을까. 한국에서는 영 자신이 없지만, 다른 나라에서는 가능할지도 모른다. 자의 반, 타의 반 세계 최고 수준의 사교육 공급과 경쟁 환경에서 한 발짝 떨어지는 셈이니까. 대신 내 아이가 무엇을 했을 때 행복한지, 어떤 것을 좋아하는지 더 집중할 수 있지 않을까. 내가 받았던 획일화된 교육이 전부가 아니라는 걸, 아이란 모름지기 이렇게 자라야 한다는 것을 엄마인 나도 배우고 싶다. 이왕 엄마가 될 거라면, 그런 엄마가 되기를 꿈꾼다.

+

확정된 것도 아닌, 단 몇 년간의 외국 생활을 상상하는 것만으로 마음이 이만큼 달라지다니 신기하다. 주재원 기회만으로 출산을 결심할지는 미지수지만 한 가지, 내게도 아이를 낳아 잘 기르고 싶다는 어떤 욕구가 있음을 알게 됐다.

아이들이 아이답게 자랄 수 있는 곳이라면, 진짜 꿈을 찾고 역량을 개발할 수 있는 환경이라면, 교육이 본래의 지향점을 향해 있는 사회라면 어쩌면 아이를 낳을 수 있을지도 모른다.

낳을까 말까

기후재앙 앞에
출산이라니?

2019년 2월, 인도 뭄바이의 20대 남성이 자신의 부모를 고소하겠다는 입장을 밝혔다. 동의 없이 자신을 태어나게 했다는 이유로. 이야기의 주인공인 라파엘 새뮤얼은 삶은 고통으로 가득하기에 태어나지 않는 편이 더 좋다는 주장과 함께, 앞으로 살아가는 데 필요한 생활비를 부모에게 청구했다.' 새뮤얼의 행동은 다소 급진적으로 보이지만, 나 역시 비슷한 존재론적 의문을 품었기에 일부 공감했다. '무엇을 위해 태어나 이 고

✕   BBC News, [인도: 동의 없이 자신을 출산했다고 부모를 고소한 남자와 부모의 반응], 2019.02.

생을 하지, 원해서 태어난 것도 아닌데.' 시험 공부로 인한 압박을 느낄 때나, 쳇바퀴 도는 삶에서 스트레스를 느끼던 사춘기 내내 세상에 난데없이 던져졌다는 생각이 떠나지 않았다.

수없이 많은 의식적인 노력 끝에 이제는 더 이상 그런 생각의 우물에 가라앉지 않는다. 대신 이 순간 느낄 수 있는 기쁨과 만족을 위해 애쓰고 있다. 그런 내가, 굳이 이 험난한 세상에 누군가를 낳아서 던져야만 할까? 이건 또 다른 문제다. 삶이 축복이라고 생각하는 긍정적인 성향의 아이가 태어날 수도 있지만, 내가 했던 비관적 고민을 똑같이 할 아이를 상상하면 앞이 캄캄해진다. 특히, 기후위기 문제를 마주할 때면 아이를 낳고 싶은 마음은 싹 사라진다.

"우리도 늙어서 죽고 싶어요."

2020년, 청소년 기후 행동가들이 온라인 플랫폼에 모여 '기후를 위한 결석 시위'에서 사용한 팻말 구호다.

"기성세대는 늙어서 죽겠지만 지금 청소년 세대와 미래 세대는 이상기후로 죽게 될 것 같아요."

낳을까 말까

한 중학생 활동가의 말은 내 간담을 서늘하게 만들었다.[*]

"엄마, 기후위기가 심각한 걸 알면서, 이런 세상에 왜 날 낳았어?" 만약 나를 쏙 빼닮은 아이가 이렇게 물으면 어쩌나. 미안하다는 말 외에 달리 뭐라 말할 수 있을까.

눈앞의 현실, 기후재앙

추석 즈음에 결혼을 했기에 그 무렵의 날씨를 정확히 기억하고 있다. 7년 전(2018년), 결혼식이 열리던 그때는 낮엔 살짝 덥지만 아침, 저녁으로 꽤 선선한 가을의 초입이었다. 스웨트 셔츠에 반바지를 입으면 딱 좋은, 새로운 계절에 대한 기대감을 느낄 수 있는 날씨였다.

2024년 추석의 낮 최고 기온은 무려 34℃에 이르렀다. 일부 지역엔 폭염 특보가 발효됐다.[**] 추석이 아니라 '하석'이란 말까지 나올 정도로 전례 없는 더위였다. 가을이 오는 것이 슬플 정도로 여름을 좋아했던 나지만 그해 여름은 어서 끝나기

×   단비뉴스, ["재난영화 주인공이 되고 싶지 않아요"], 2020.09.
×× 한겨레, ['폭염특보' 추석…오전부터 34도까지 달아오른다], 2024.09.

만을 바랐다. 그저 한 번의 해프닝이면 좋으련만, 앞으로 남은 여름 중 올해가 가장 시원한 여름이 될 거란 분석은 절망적이다. 이보다 더 더운 여름은 상상조차 되지 않는데 말이다.

기후위기는 바로 눈앞의 현실이다. 2024년, 세계기상기구WMO는 지구 평균 기온이 산업화 이전 대비 1.5℃를 초과한 첫해가 되었다고 발표했다.[*] 2024년은 과거 175년간 가장 뜨거운 해로 기록되었다. 많은 기후학자들이 기후변화로 인한 디스토피아적 미래를 이야기한다. 영국 가디언지가 380명의 기후학자를 대상으로 조사한 결과, 77%는 지구 온도가 산업화 이전보다 최소 2.5℃ 이상 상승, 인류가 극단적인 기후변화를 경험할 것이라 말한다.[**] 세계경제포럼WEF은 2050년까지 기후위기로 1,450만 명의 죽음이 예상된다는 암울한 전망을 한다.[***] 2050년이면 난 겨우 예순이고, 아이가 생긴다면 갓 20대 초반일 나이다.

다가올 미래에 대한 환경학자, 기후학자들의 경고가 계속되

× MBC 뉴스, [세계기상기구 "2024년 지구 평균 온도, 산업화 이전 대비 1.5도 넘은 첫 해"], 2025.03.

×× YTN사이언스, [기후 전문가 77% "지구 온도 2.5도 이상 올라 재앙적 상황"], 2024.05.

××× 한스경제, [WEF의 경고…기후위기로 세계인구 1,450만명 사망], 2024.01.

낳을까 말까

고 있지만 우리의 일상은 그다지 비상 상황처럼 느껴지지 않는다. 오히려 모두가 진실을 애써 모른 척 연극을 하는 것 같기도 하다. SNS와 뉴스 지면에는 인류 전체의 생존을 위협하는 기후위기보다 연예인과 부동산 이야기가 더 많이 보인다. 기후위기의 현실을 혜성 충돌에 빗대어 풍자한 영화 〈돈 룩 업(2021)〉이 그린 것과 정확히 같다. 영화에서도 지구가 혜성과 충돌한다는 사실을 절반의 사람들은 믿지 않으며, 혜성 충돌이 눈앞에 바로 보이는데도 인류는 여전히 욕망하고, 소비하고, 싸우며 일상을 반복할 뿐이다. 한 가지, 영화와 현실이 다른 점이 있다면 기후위기는 혜성 충돌처럼 한 번에 끝나는 재앙이 아닌, 서서히 우리 삶을 파괴하는 점진적 비극이라는 것이다.

오죽하면 몇 년 전 한 신부가 기후변화를 외면하는 언론을 비판하기 위해 직접 자신의 입을 실로 꿰맨 채 시위에 나섰을까.* 그의 충격적인 시위가 전 세계로 리트윗된 지 벌써 여러 해가 지났지만 우리 행동에 딱히 달라진 게 있을까. 폭염, 폭설, 홍수 등 기후위기가 야기한 재해에 대한 보도는 늘어난 듯하나 근본적인 원인과 해결을 위한 움직임은 부족해 보인다.

조선일보, [스스로 입 꿰맨 英 사제…"기후 위기 외면하는 언론" 침묵 시위], 2021.08.

영국의 한 신부가 입을 꿰맨 채 기후위기를 외면하는 언론을 규탄하고 있다.

여전히 도로 위는 자동차로 가득하고, 백화점엔 사람이 바글 바글하다. 택배 차량은 매일 물건을 가득 싣고 나르며, 아파트 재활용 쓰레기장엔 플라스틱과 비닐이 넘쳐난다.

가장 적극적인 기후 실천책, 비출산

희망이 보이지 않는 기후위기라는 문제 앞에서 나는 금세 무 력해지곤 한다. 거대한 담론 앞에 일개 개인이 뭘 할 수 있나 싶다. 내가 할 수 있는 것이라곤 외출 시 텀블러 들고 다니기,

낳을까 말까

고기 먹지 않기 정도다. 짧은 거리도 안락한 자가용에 의지하고, 일 년에 한두 번 비행기도 탄다. 이미 옷이 많은데도 매 계절 유행하는 스타일의 옷을 찾아보고 구매한다. 가장 편리하고 저렴한 방법이란 핑계로 인터넷 쇼핑으로 물건을 사고 수많은 포장재와 쓰레기를 버린다. 하루 동안에도 나는 얼마나 많은 탄소발자국을 남기고 있는가. 매년 뜨거워지는 지구 앞에서 채식과 텀블러 따위는 계란으로 바위 치기처럼 느껴진다. 차라리 몰랐으면 싶은 이 문제 앞에서, 알면서도 눈을 슬쩍 감은 채 일상의 즐거움을 누릴 뿐이다.

> "엄마, 기후위기 문제, 진짜 무섭지 않아? 육류 섭취는 줄이자. 기왕이면 달걀도 동물복지란으로 사고."
> "먹고살기도 힘든데 그런 얘기 엄마한테 안 했으면 좋겠네."

　기후위기의 심각성을 열심히 설파하던 내게 엄마가 했던 말이다. 반박할 말이 떠오르지 않았다. 바쁜 엄마가 기후위기까지 신경 쓸 여력이 되지 않는다는 걸 잘 알기 때문이다. 그런 건 똑똑한 사람들이 알아서 하겠지, 라는 게 엄마의 생각이다. 나도 마찬가지다. 매일 뉴스를 챙겨 보기엔 기후 전망은 너무 부정적이고, 일상은 버겁다. 해내야만 하는 의무와 지켜야 하는 것이 많아질수록 소시민이 되는 건 어쩔 수 없는 일일까?

빠르게 답해야 하는 업무 요청, 금세 쌓이고 마는 빨랫감, 산책 나가자고 낑낑 조르는 반려견만으로도 벅차다. 일상의 책임을 다하고 나면 그제야 짧은 여유가 주어지지만, 이미 지쳤다. 인류에게 닥친 심각한 위기를 고민하기보단, 확실한 도파민을 주는 15초짜리 영상을 선택하는 게 더 쉽다.

이토록 무책임한 내가 기후위기를 위해 한 가지 확실히 할 수 있는 일이 있다. 바로 아이를 낳지 않는 것이다. 아이를 낳지 않으면 적어도 한 명의 피해자와 가해자를 덜 만들 수 있다. 비출산은 나의 가장 적극적인 기후 행동 실천인 셈이다.

더 큰 문제는 기후 공감대

'기후위기와 출산 파업'을 주제로 인터뷰한 기사가 게재되던 날의 일이다. 기후위기를 이유로 비출산을 결심했거나, 나처럼 출산을 고민 중인 다섯 여성의 목소리가 담겨 있었다.* 나

×　오마이뉴스, ["아이는 기후위기 희생양 될 것" 아이 낳지 않겠다는 여성들], 2024.07.

낳을까 말까

와 비슷한 생각을 공유하는 다른 이들의 이야기를 재미있게 읽은 다음, 기사 아래에 악성 댓글이 정말 많이 달린 것을 알게 됐다. 공감을 눌러도 모자랄 이 기사에 도대체 악플이 달릴 게 뭐가 있나 싶어 모두 확인해 봤다. 상처를 받았다기보단 되레 흥미로웠는데, 아래는 그런 내 마음을 꼭 대변해 준 몇 안 되는 선플 중 하나다.

"이 기사는 일부 화난 댓글까지가 완성인 것 같습니다. 하나의 현대 예술 같네요."

기후위기 때문에 출산을 고민하는 여성들의 기사가 왜 그렇게 화가 나고 불편했을까? 분노의 댓글들은 크게 세 가지 유형으로 나눌 수 있었다.

1. 비난형:
너희들은 기후위기를 막기 위해 비행기도 안 타고, 고기도 안 먹냐?

2. 피해의식형:
우리 아이들이 너희 같은 사람을 왜 부양해야 하냐. 세금을 더 내라.

3. 저주형:
뻘소리 하고 있네. 나중에 고독하게 죽어라.

여성이 아이를 낳지 않겠다고 이야기하는 것, 그 이유가 당장 손에 잡히지 않는 기후위기라는 것이 누군가를 이리도 치떨리게 할 줄 몰랐다. 살다 살다 이런 이유는 처음 듣는다는 둥, 해당 언론사의 기사는 다시 쳐다보지도 않겠다, 쓰레기 언론이다 등 강도 높은 비난이 이어졌다. 댓글들의 공통점은 '이해할 수 없다'는 것이었다. 그들은 기후위기와 비출산을 연결한다는 생각 자체를 받아들이지 못했다.

저출생이 한국 사회의 중요한 문제가 된 지는 오래다. 아이를 낳지 않는 이유로 극심한 경쟁 환경, 긴 노동시간, 물질 만능주의 등을 말하면 대체로 수긍하는 분위기다. 그러나 기후위기는 그에 합당하지 않은 이유로 여겨진다. 이런 현실은 한국 사회의 기후위기 공감대가 많이 부족하다는 걸 보여준다.

기후위기로 인해 비출산을 고려하는 것이 그렇게 유난한 일일까? 인터뷰이들이 정말로 별난 족속들이고 읽을 가치도 없는 주장을 펼친 것일까? 페기 오도널은 『엄마 아닌 여성들』에서 환경 때문에 아이를 낳지 않는 것이 역사적으로도 지극히 당연하고 익숙한 선택이었다고 말한다. 과거부터 인류는 전쟁이나 기근 등 좋지 않은 환경에서 자연스럽게 출산을 억제해

낳을까 말까

왔다. 저자에 따르면 기후위기도 그런 환경적 요인 중 하나다.[*]

2022년, 한 글로벌 여론 조사 기관이 31개국을 대상으로 실시한 조사에 따르면 10명 중 4명이 기후변화의 영향으로 인해 아이 낳는 것이 꺼려진다고 답했다.[**] 2017년 미국 심리학회가 우울장애의 하나로 '환경 불안[Eco-anxiety]'을 정의한 데 이어 2022년 세계보건기구도 기후변화가 정신 건강에 미치는 영향을 경고한 바 있다. 기후위기는 마냥 비웃을 일이 아니다. 실제로 많은 사람들을 불안하게 만들고 있으며, 나아가 저출생에 분명한 영향을 끼치고 있다.

이런 흐름과 달리 세계에서 가장 아이를 덜 낳는 우리나라에서 기후위기 주제는 가볍게 치부되곤 한다. 앞선 기사의 악성 댓글에서 볼 수 있는 것처럼, 기후위기로 비출산을 고려하는 여성에게는 조롱을 넘어 저주마저 가해진다. 이는 우리 사회의 기후위기 대응력을 보여주는 지표다. 기후위기를 허무맹랑한 것으로 여기는 관점부터, 아주 먼 미래의 일로 치부하는 순진한 시각까지. 다수가 기후위기에 공감하지 못하는 이런 사

✕   156~191p, 페기 오도널 헤핑턴, 이나경 옮김, 『엄마 아닌 여자들』, 북
    다, 2024

✕✕   Globescan, [Forty Percent Cite Climate Concerns as a Deterrent to
    Having Children], 2022.09.

회에 태어난 아이들의 안위는 괜찮은 걸까. 기후위기가 정말로 일상을 덮칠 때, 매일의 먹고사는 문제와 결부될 정도로 상황이 심각해질 때, 우리는 연대와 희생으로 잘 버텨낼 수 있을까.

처음엔 댓글 하나하나에 맞서 싸울까 생각해 봤다. 사람들을 설득하며 생각을 바꾸게 하는 데 에너지를 쓸 바엔, 조용히 출산에 대한 마음을 접는 게 낫겠다는 생각이 들었다. 그렇게 한 번 더 비출산 쪽으로 마음이 굳건해졌다. 이것이 태어날 아이와 나의 생존을 위해 할 수 있는 최선의 일이란 생각과 함께.

기후위기와 인구 절벽의 모순 속에서

나는 헷갈린다. 기후위기에 있어, 인간은 악의 주범이라고 한다. 너무 많은 인간이 탄소를 배출하고 있기에 인류가 망할 거라는 예측이다. 그런데 다른 한쪽에서는 아이가 없어서 대한민국이 망할 거라고 한다. 어쨌든 망한다는 두 가지 비관적인 미래 앞에서 가임기 기혼 여성인 나는 어떤 선택을 해야 할까? 지구가 뜨거워지는 게 먼저일까, 나라 경제가 파탄 나는 게 먼저일까? 아무리 생각해도 인류가 살기 어려운 행성이 되어가는 지구에서 무책임하게 아이를 낳을 수는 없다. 식자원이 부족해지고 공기는 더 황폐해진 디스토피아에서 내 아이가 자라는 모습을 보느니, 태어나지 않게 하는 쪽이 현명한 선택이란 생각이 든다.

아이를 키우는 기쁨, 저출생으로 한국 사회가 당면한 인구절벽에 대한 이야기는 매일 지겹도록 쏟아져 나온다. 반면 기후위기가 심각해지는 환경에서 지금 태어난 아이들, 앞으로 태어날 아이들이 무사할 수 있을지에 대한 건 훨씬 작은 목소리만, 그것도 관심을 기울여야 겨우 들을 수 있다. 기후위기와 인구 문제는 반드시 같이 논의되어야 한다. 그러나 그런 움직임은 쉬이 찾아보기 어렵다.

뜨거운 지구에서 아이들은 어떻게 건강하고 행복할 수 있을까? 지금 우리가 할 수 있는 일은 무엇일까? 이 질문에 대한 답이 명료해지기 전까진 아이 낳기를 영영 주저하게 될 것 같다.

+

부모가 되는 삶을 선택한 지인들에게 물어보고 싶지만, 선뜻 입 밖으로 나오지 않는 말이 있다.

"기후위기에도 불구하고 어떻게 아이 낳을 결심을 했어?"

"아이가 자랄 환경에 대해 어떤 준비나 실천을 하고 있어?"

또래 엄마, 아빠들은 아직 한창 어린 미취학 아동을 키우느라 너무 바쁘다. 아이들은 금세 자라고, 매 시기마다 필요한 물건은 너무 많다. 아이를 키우며 저탄소 생활을 실천하는 것은 불가능에 가까워 보인다. 요즘 세상에 천기저귀를 쓸 수 있을까? 급하게 필요한 물건을 밤에 주문해도 새벽에 문 앞까지 배송해 주는 서비스를 거부할 수 있을까? 기후위기를 걱정하는 나라고 해도 육아가 편해진다고 광고하는 솔깃한 제품을 외면하긴 어려울 거다. 중고 거래 플랫폼에서 제품을 사는 것 정도가 최선이려나.

기후위기가 심각한 세상에 아이를 낳았다고 해서 비난하려는 건 아니다. 임신과 출산은 아주 개인적인 문제이며, 무엇보다 개인의 행복을 기준에 두고 결정해야만 하는 일이다. 내게도 '낳을까, 말까'를 고민함에 있어 기후위기는 가장 마지막 이유였다. 거시적인 차원보다 내가 진짜로 원하는지, 좋은 엄마가 될 수 있을지 먼저 돌아봤고, 또 당장 아이가 생겼을 때의 현실적인 상황을 우선 헤아렸다. 저출생으로 나라가 망해간다고 해도 억지로 원하지 않는 출산을 선택할 수 없는 것처럼,

낳을까 말까

기후위기 앞에서도 아이를 낳는 마음에 공감할 수 있다.

그럼에도 이미 세상에 던져진 우리들과, 우리가 낳은 아이들이 살아갈 미래에 대한 대화가 너무 부족한 것도 사실이다. 부모가 된 사람들과 기후위기를 이유로 부모가 되지 않기로 선택한 사람들이 함께 더 많이 고민하고, 이야기해야 한다고 생각한다. 그런 대화가 더 많이 이뤄진다면, 기후위기를 주제로 한 연대 의식이 우리 생활에 자리 잡는다면 어떨까. 계란으로 바위 치기일지언정 그런 노력이 가치 있는 것으로 여겨지는 사회라면 좋겠다. 그렇다면 나는 조심스럽게 세상에 아이를 던져볼 용기를 낼 수 있을지도 모르겠다.

결코 '어떻게든 되겠지'라는 생각으로 아이를 낳고 싶진 않다. 그런 생각은 너무나 무책임하니까 말이다. 하지만 그렇지 않고선 어떤 선택도 내릴 수 없는 것이 지금의 우울한 현실이긴 하다.

딸이면
어떡해

"딸이야? 너무 좋겠다, 축하해!"

"아들이야? 괜찮아, 아들이 키우긴 수월하대."

지인의 딸 소식엔 마음껏 축하할 수 있지만, 아들이라고 하면 괜히 조심스러워진다. 아들 낳고 싶단 얘기를 찾아보기 어려울 정도로 딸 선호가 압도적인 요즘이니 말이다. 온라인 커뮤니티에서도 마찬가지다. '딸이길 너무 바랐는데 아들이라 우울한 내가 이상한 엄마인가요'라거나, '아들의 장점을 제발 알려달라' '둘째도 아들이라 울고 싶다'와 같은 글을 보면 딸 선호 현상이 실감된다. 외동딸로 자랐고 집안에서 남아를 본 경험이 없어서일까. 나 역시 미래의 아이를 상상하면 자연스레 딸이 먼저 떠오른다. 배우자 역시 천방지축 장난꾸러기였던 어린 시절을 회상하며, 내심 낳는다면 딸이길 바라는 눈치다. 길을 가다 만나는 남자 아이들에겐 별말이 없다가도, 여자 아이들에겐 유독 더 환한 미소를 보내는 걸 보면 말이다.

불과 30년 전까지만 해도 상황이 정반대였다는 것을 떠올리면 요즘의 딸 선호 트렌드는 조금 낯설다. 엄마는 성별을 모른 채로 나를 낳았다고 한다. 내가 태어난 해는 아직 여아 낙태가 만연한 시기라 병원에서 성별을 쉬쉬했기 때문이었다. 그보다 1년 전인 1990년은 '백마띠 여아는 팔자가 드세다'는 미신 때문인지 116.5라는 사상 최악의 성비를 기록하기도 했다. 이틀 넘게 이어진 긴 진통과 출산 끝에, 엄마는 "공주님이네요"라는 말을 듣고 울었다고 한다. 아들을 원했기 때문이 아니라, 이 세상에서 여자로 살아갈 내가 불쌍해서였다고.

만약 지금 딸을 낳으면 엄마처럼 울지 않을 수 있을까? 모두가 바라는 딸이 태어났으니 마음 놓고 기뻐할 수 있을까?

아마 나는 엄마처럼 울 것 같다. 여성으로 사는 일이 얼마나 어려운지 지난 30년간 뼈저리게 느껴왔으니 말이다. 딸을 원하는 요즘 세상이지만, 딸을 낳을까 두려워 아이를 낳고 싶지 않기도 하다.

운동장은 여전히 기울어져 있다

아이러니하게도, 낙태될 뻔한 위기에서 살아남은 90년대 여성들은 남녀평등이란 말을 귀에 못이 박히도록 듣고 자랐다. 부모님은 내게 여자도 무엇이든 될 수 있다고 가르쳤다. 이론적으로 남녀는 평등했다. 교과서나 공익광고에서는 제복 입은 여성들과 여성 과학자들을 보여주었다. 하지만 그건 모범사례였을 뿐, 현실 속 변화는 아주 더뎠다. 여성도 일하는 시대가 도래했지만 중요한 일을 하는 경우는 드물었다. 여전히 여성은 직장에서 커피를 타고, 임신을 하면 그만둬야 하는 주변인에 머물러 있었다. 반면 학업 성취도에서는 여학생이 앞서기 시작했다. 전에 없던 추월은 '남학생의 위기'로 여겨졌다. 치고 올라오는 '알파걸'의 '등쌀'에 못 이겨 남학생들이 남녀공학을 기피하는 현상이 주요 기사로 등장하곤 했다.˙

나는 동등한 성별일까, 열등한 성별일까. 헷갈리는 현실 속에서 평등을 숭배하기로 했다. "여자애가 무슨!" "여자답게 행동해" 같은 말에서 자유로울 수 없었지만, 따박따박 되받아치는 쪽을 택했다. "남녀차별하세요?" "여자는 왜 안 되는데요?"

✕ 매일경제, ['알파걸' 등쌀?…여고 돼가는 외고], 2007.09.

낳을까 말까

하고 쏘아붙이곤 했다. 어딘가 미숙해 보이고, 논리적으로 말하지 못하는 또래 남자애들을 우습게 생각해 온 드센 여자 아이가 나였다. 당당한 태도만으로 기울어진 운동장을 바로 돌릴 수 있을 거라 믿었다. 세상이 변했다고, 엄마의 눈물이 틀렸다는 것을 증명하고 싶었다. 스무 살까지만 해도 그런 줄 알았다. 세상이 정말 평등에 가까워진 것 같았다.

그 생각이 엄청난 착각이었음을 알게 된 건 대학 4학년, 취업 준비를 하면서부터다. 내가 주축이 되어 꾸린 취업 스터디 멤버는 여성 2명, 남성 2명으로 구성됐다. 객관적인 스펙, 학점이나 어학 점수는 물론이고 대외활동 경험, 자기소개서의 완성도까지도 나를 포함한 여자들이 뛰어났다. 그러나 정작 서류 합격률은 정반대였다. 맞춤법이 틀린 자기소개서, 낮은 학점에 이렇다 할 경력도 적은 남학우들은 순조롭게 1차 서류 전형을 통과했다. 여자들은 보기 좋게 쭉쭉 떨어졌다. 당황스러웠지만 분노할 겨를이 없었다. 붙어야 했다. 원서를 더 많이 썼다. 닥치는 대로 50개쯤 썼고, 누구나 알 만한 2개의 대기업에 최종 합격했다. '문과 여자치고 준수했던' 성적표를 나는 순순히, 그리고 자랑스럽게 받아들였다.

면접에서도 여성이라는 성별은 걸림돌이었다. 참가자 중 나말고 다른 여성이 있을 땐 '쟤만은 꼭 제치자'는 마음으로 이를 악물고 면접에 임했다. 여자 2명을 동시에 붙여주지 않을 게 뻔했으니까. 면접 전형의 경쟁자가 남자일 경우, 얼마든지 그보다 유능하게 답변할 자신이 있었지만 합격에 대한 기대는 접곤 했다. 취업 시장에서 남성이라는 성별은 분명한 가산점이었다. 그건 노력으로 절대 가질 수 없는 것이기도 했다.

한 달간 대기업 공채 인턴 생활을 마치고, 최종 입사 전환을 앞두던 때였다. 마지막 관문은 해외 연수였다. 3박 4일의 연수 일정표에는 채용과 관계 없는 장기자랑 세션이 포함되어 있었다. 나를 비롯한 여자 인턴들에게는 '여자 아이돌 댄스'라는 과제가 주어졌다. 불합리하다는 생각이 스쳤지만 이번에도 그런 걸 따질 새가 없었다. 달리 선택권이 없던 우리는 사비를 모아 댄스 강사를 섭외했고, 연습 후 무대에 올랐다. 연수를 마치고 귀국한 뒤 춤을 함께 춘 모두는, 최종 합격 통지를 받았다. 어딘가 불쾌했던 감정은 합격의 달콤함 뒤로 밀어두었다.

대기업 입사 후 그룹 전체 신입사원을 대상으로 하는 연수에 갔다. 거기서 수많은 남자 동기들을 만나고 나서 조금 놀랐다. 솔직히 말해서 자기소개 하나에도 버벅거리는 사람들이 많았기 때문이다. 내가 만약 남자이기만 했다면 더 좋은 회사에도 갈 수 있었으리라는 것을, 그토록 부정해 왔던 내 성별의 열등함을 그때 뼈저리게 깨달았다.

이 모든 일을 겪은 지 10년이 지났지만, 최근 조사에 따르면 기업 인사 담당자 10명 중 7명은 채용 시 남성을 선호한다고 한다.* 대놓고 답변한 결과가 이 정도라는 것은 여전히 여성이라는 이유로 출발선이 한참 뒤에 있는 채용 시장의 현실을 보여준다. 첫 직업으로 좋은 일자리를 얻지 못한 여성은 돈을 덜 버는 직장으로 밀려나고, 이는 남성이 100만 원을 받을 때 여성은 70만 원을 받는 세계 최고 수준의 임금격차를 초래한다.

딸이라는 이유로 낙태가 횡행하던 30년 전과 비교해 뭐가 달라졌을까. 이런 현실에서 30년 후 내 딸이 달리게 될 운동장이 평평해지리라고 기대하긴 어렵다.

여자로 살아남는 것 자체가 기적

커리어에서의 차별을 얘기하는 건 사치일지도 모른다. 여자로서 멀쩡히, 아무 일도 당하지 않고 살아남을 수 있다는 것 자체가 기적에 가깝기 때문이다.

2016년 5월, 강남역 10번 출구 화장실에서 한 여성이 묻

× 뉴시스, ["채용 시 성차별 여전"…기업 10곳 중 7곳 남성 선호], 2022.05.

참극 이후, 강남역 앞에 붙여진 수많은 메시지.

지마 살인을 당했다. 이 참극 앞에 우리가 느껴야 했던 감정
은 '나일 수 있었다'는 아찔한 공포감과 '살아남았다'는 안도감
이었다. 조사 과정에서 범인이 "여성들이 나를 무시해서 범행
을 저질렀다"고 진술했음에도, 경찰은 이 범죄를 '여성 혐오 범
죄'가 아닌 정신병에 의한 '묻지마 범죄'로 결론지었다. 수많은
여성들의 공분을 산 이 안타까운 사건을 계기로 한국 사회에
는 페미니즘에 대한 논의가 활짝 열렸지만 10년이 되어가는

✕ 연합뉴스, [여성들 '분노의 연대' 촉발한 강남역 '묻지마 살인'],
   2016.12.

낳을까 말까

지금, 여전히 우리 사회는 별로 변하지 않은 것 같다.

강력 범죄 피해자의 80%는 여성이다.[*] 매일 1명 이상이 친밀한 관계의 남성에 의해 죽는다.[**] 여성 10명 중 4명은 평생 한 번 이상의 성폭력을 경험하며,[***] 10명 중 1명은 일터에서 동료로부터 원치 않는 구애에 노출된다.[****] 내가 겪지 않았다고 모른 척하기엔 너무나 높은 비율이 아닌가. 피해자의 수치심을 유발하는 성범죄의 특성상 신고율이 낮다는 것을 감안하면 현실은 통계를 능가할 것이다. 이것이 대한민국 치안이 좋다는 얘기에 코웃음을 칠 수 밖에 없는 이유다.

여자라서 죽이는 세상에서 여자로 산다는 건 긴장과 불안의 연속이다. 언제나 촉각을 곤두세우고, 어딘가에 있을지 모를 위험 요소를 계속 걱정해야 한다. 안심할 겨를이 없다. 이건 생존이 달린 문제니까. 머릿속 어느 한 공간은 늘상 이런 불안과 공포로 차 있다. 내겐 길을 걸으며 이어폰으로 크게 음악을 들

× YTN 뉴스, [이수정, 강력범죄 피해자의 80%는 여성?], 2021.12.

×× 투데이신문, ["안전 이별' 고민하는 사회…19시간마다 女 1명 살해 피해], 2024.05.

××× 한겨레21, [우리나라 여성 38.6% '성폭력 경험'…디지털 성범죄 증가세 심각], 2022.12.

×××× 연합뉴스, [직장갑질119 "직장인 11%, 원치 않는 구애받아"], 2023.02.

을 자유가 없다. 조금이라도 노출이 있는 옷을 입을 때 따라오는 노골적인 시선은 포기한 지 오래다. 운전을 시작하고 나서 그나마 자유로움을 느끼게 됐지만, 집 앞 현관에서도 죽을 수 있다고 생각하면 마음을 완전히 놓을 곳은 없다.

운이 좋아 폭력과 살해에서 살아남았다 하더라도, 나도 모르게 내 신체가 착취되는 것은 막을 방법이 없다. 온라인 쇼핑몰에서는 액자나 볼펜 등으로 위장한 초소형 몰래카메라를 쉽게 구입할 수 있다.* 몰카 범죄가 사회적 문제로 대두된 지 오래지만 초소형 카메라 판매 금지를 처분하는 국민청원에도 이렇다 할 대책은 보이지 않는다. 지하철 여자 화장실엔 정체를 알 수 없는 구멍이 너무 많이 보인다.** 이 사적인 공간에서조차 여성은 관음 당할지 모르는 불안에 시달린다. 젖은 휴지는 물론 실리콘을 들고 다니면서까지 구멍을 막는 마음을, 남성은 알 수 있을까. 인스타그램에 올린 나의 얼굴은 교도소 재소자에게 전해져 포르노로 소비되기도 한다.*** 여자라는 이유로, 나

✕ 여성조선, [르포_차 키, 페트병, 보조배터리…그게 '몰카'였어?], 2021.07.

✕✕ 시사저널, [르포_실리콘까지 동원해 화장실 구멍 막는 여성], 2018.07.

✕✕✕ MBC 뉴스, ['내 사진' 교도소에서 팔린다?…SNS 사진 무단 도용], 2018.05.

낳을까 말까

하나 지키기 어려운 세상에서 과연 사랑하는 내 딸을 무사히 지킬 수 있을까?

여성의 몸으로 산다는 것*

여성의 몸은 착취당하고, 관음되고, 소비되는 것으로 모자라 조각조각 관리해야 할 무언가가 된다. 미디어가 만들어내는 이상적인 몸을 기준으로 우리는 몸을 깎고, 굶기며, 채찍질한다.

결혼하고 얼마 되지 않아 남편과 함께 외식을 하고 돌아오던 때의 일이다. 평소보다 과식을 했고, 그 때문에 기분이 좋지 않았다. 왜 그렇게 먹는 걸 조절하지 못 했을까, 집에 가서 무조건 빠르게 걸어야겠다, 내일은 일단 절식을 해야겠다는 생각이 머릿속을 가득 채우고 있던 때, 남편이 건넨 말은 충격으로 다가왔다. "배부르게 먹어서 기분 좋다, 그치?"

똑같은 음식을 같이, 많이 먹었는데 누군가는 행복을, 누군가는 불쾌감을 느낀다는 게 놀라웠다. 그동안 배부른 느낌은

✕   <3장. 내 배가 싫어, 내 허벅지가 싫어> 참고, 『욕구들』, 캐롤라인 냅, 정지인 옮김, 북하우스, 2021

줄곧 많이 먹었다는 죄책감과 살이 찔 것에 대한 공포감과 연결되어 있었는데 말이다.

음식과의 관계가 건강하지 못한 건 나만의 문제는 아니다. 20~30대 여성 무리에 있다 보면 다이어트 얘기는 빠지지 않는다. 조금 과장하면 음식과 체중에 대해 매 순간 생각한다. "다이어트 중인데 많이 먹었다" "나 살 빼야 해" "살 찐 것 같아?" "너 왜 이렇게 살이 빠졌어" "말랐네" "그만 먹어야겠지" "네가 먹으면 나도 먹을게" "오늘만 먹자" … 여성은 '먹는다'는 가장 기본적인 행위에서조차 자유롭지 못하다. 많은 여성에게 음식은 에너지원이 아니라 칼로리 그 자체다. 나를 유혹하고 살찌도록 벌하는 매혹적인 악마인 셈이다.

남성이 별 생각 없이 맛있게 먹는 동안 여성은 죄책감, 두려움, 공포 등 온갖 다양한 감정을 느낀다. 결국 음식을 이상한 방식으로 욕망하는, 건강하지 못한 굴레에 빠진다. 그 결과 전체 섭식장애 환자 중 무려 70%가 여성인 상황이 초래된다.[*]

여성은 예뻐야만 하고 날씬해야만 하고 매끈해야만 한다. 유독 여성의 몸에만 주어지는 가혹한 기준에 도달하지 못했을

✕ 2018년~2022년 합계, 건강보험심사평가원, 『2023년 생활 속 질병·진료행위 통계』, 2023.12.

때 돌아오는 건 멸시와 조롱이다. 중학생 때 다리 털이 많다는 이유로 남자애들로부터 '털보'라는 놀림을 받은 적이 있다. 부랴부랴 엄마가 제모 용품을 사준 것을 시작으로 지금도 체모 관리에 많은 시간과 노력을 기울인다. 이제는 누구도 나의 체모를 신경 쓰거나 놀리지 않는데도, 내 다리 털은 없어져야 마땅한 무언가가 됐다. 하지만 나보다 털이 10배 많은 남편이 자신의 털에 대해 조금도 신경 쓰지 않는 모습을 보면 어딘가 허탈하다. 이런 예는 여기에 적지 못할 만큼 무수히 많다.

화장을 할까, 말까. 무얼 먹어야 살이 덜 찔까. 이 옷은 뚱뚱해 보이는 것 같은데…. 고작 이런 생각을 하는 데 여성은 평생 얼마나 많은 시간을 허비하는가. 숨쉬듯 하고 있는 외모 고민을 멈출 수 있다면 얼마나 더 큰 힘을 가질 수 있을까. 문제는 대부분의 여성들이 이게 시간 낭비라는 것조차 깨닫지 못한다는 것이다. 어찌나 세뇌를 당했는지 강박적인 미의 추구는 개인의 자유이자 개성 표현, 자기 사랑으로까지 포장되곤 한다.

미디어가 생산하는 이상적인 몸의 이미지는 하루 종일 쫄쫄 굶고, 운동하고, 관리를 해야만 겨우 닿을 수 있다. 노력해서 비슷해진다 하더라도, 기준은 그새 높아져 우리로부터 멀어진다. 온갖 매체는 완벽한 이미지를 쉴 새 없이 보여주고, 교묘한 방식으로 우리 몸을 그 이미지에 맞추라고 종용한다. 화장을 하지 않으면 '무슨 일 있냐'며 안색을 걱정하는 척 선을 넘는다. 조금만 살이 쪄도 '얼굴 좋아졌네'라는 무례한 말을 아무렇지 않게 건넨다. 이런 사회에서 '당당해지세요! 있는 그대로도 아름답습니다'라는 말을 내면화하기란 불가능하다.

평생 성공과 실패를 반복해 온 다이어트를 멈춘 지 10년이 되어간다. 하지만 여전히 과식한 날엔 체중계에 올라가고 싶은 충동이 든다. 정상 체중을 유지한 지 오래인데도 종종 배우자에게 '나 뚱뚱해?' '살찐 것 같아?'라고 묻는다. 불안을 음식으로 달래고 이내 마음이 불편해져 손가락을 넣고 토했던 20대의 내가 떠오른다. 이제는 극복한 척하곤 하지만, 지금도 그 불안은 별반 나아지지 않은 것 같다.

내 딸에게 나처럼 살지 않도록 가르칠 수 있을까? 남의 시선 따위는 무시하라고, 당당하게 살라고 말할 수는 있다. 그러나 어떻게 사는 것이 나답게 사는 길인지, 구체적인 방법을 알려줄 수 없을 것 같다. 나 역시 아직 완전히 자유롭지 못하기 때문이다. 내 딸이 나와 수많은 여성들처럼 인생의 소중한 시간을 체중과 외모를 걱정하느라, 남의 시선을 신경 쓰며 살 것을 생각하면 가슴이 아프다.

아들을 낳으면 해결될까?

'애교에 껌뻑 죽는다, 옷 입히는 재미가 있다, 집에 딸이 있어야 분위기가 화목해진다…' 딸을 낳고 싶다는 소망과 함께 따라오는 말이다. 이런 이유만으로 딸을 낳기엔, 여성으로 태어나 살아가는 일이 너무 버겁다는 것을 잘 안다. 아들을 골라 낳을 수도 없지만, 아들을 낳는다고 모든 문제가 간단해질까?

2024년 여름, 온 사회를 떠들썩하게 만든 텔레그램 성 착취사건을 보자. 범죄는 전국의 실재하는 초, 중, 고, 대학교 이름을 딴 채널에서 이뤄졌다. 각 채널에서 인맥이 겹치는 여성(일명 '겹지인')이 확인되면, 그를 대상으로 딥페이크 합성물을 만들고 퍼뜨렸다. 학급 친구의 사진을 집단 강간 당하는 장면으로 합성하는 사례 등을 보면* 이 사건을 단순히 10대의 불장난으로만 치부할 수 없다. 딥페이크 피해 학교를 표기한 전국 지도는 빈 곳이 없을 정도다. 가족을 향한 범죄도 있었는데 엄마나 여동생, 누나의 신체 일부나 속옷 사진을 도촬해 공유하는

✕ MBC 뉴스, [뉴스하이킥_서지현 "22년 TF때 '지옥문 열려 있다' 경고. '성범죄 척결' 생각 없는 정부가 공범"], 2024.09.

식이었다.* 특정 채널에만 20만 명이 넘는 참여 인원이 있었다는 게 알려지며, 한 해 태어나는 신생아 숫자에 맞먹는 가해 규모에 많은 이들이 할 말을 잃었다. 매일 길에서 스치는 학생들이 스마트폰으로, 컴퓨터 앞에서 그런 일을 저질렀다니. 성범죄자란 내가 모르는 곳에 존재하는 일부 이상한 사람이라는 순진한 믿음은 박살났다.

온라인을 기반으로 한 대규모 성범죄는 이번이 처음은 아니다. 딥페이크 사태는 일베부터 소라넷, N번방까지 수많은 피해자가 발생한 사건들을 제대로 처벌하지 않고 방치한 결과라고 생각한다. 죄를 저질러도 큰일이 일어나지 않을 거란 가벼운 생각이 만연할 수밖에 없다. 학교와 가정에서 올바른 성교육이 이루어지지 않았다는 증거이기도 하다. 성에 대한 가치관이 제대로 서기도 전에 너무나 쉽게 가해자가 될 수 있는 환경에서 어떻게 아들을 바르게 키울 수 있을까? 내 아이는 착하고, 아무것도 모를 거라고 흐린 눈으로 믿으면 되는 일일까. 텔레그램 가해 남성의 부모들도 그들을 괴물로 키우려고 의도하진 않았을 거다. 그러나 괴물이 된 아들을 마주할 수도 있다는 사실은,

× 여성신문, [텔레그램 성착취 '누나방' '엄마방'… 터져나온 친족성폭력 미투], 2024.08.

낳을까 말까

내 딸이 괴물의 희생자가 되는 것만큼 나를 두렵게 한다.

10대들이 주로 하는 게임 속 여성 캐릭터는 왜곡된 신체 이미지가 두드러진다. 얼굴보다 큰 가슴, 몸 구석구석 얻어맞은 듯한 상처에, 제대로 된 옷을 입고 있는 캐릭터도 드물다. 페이스북과 X에 접속하면 강간 서사의 포르노를 쉽게 찾아볼 수 있다. 불법 성매매 산업은 커피 산업의 4배 규모로 추정될 정도로 엄청나지만,* 정확한 실태 조사는 이뤄지지 않고 있다.

이런 나라에서 과연 내 아들을 정신이 건강한 남성으로 잘 키워낼 수 있을까? 비뚤어지고 뒤틀린 사회에서 아들이 범죄 가해자가 되지 않도록, 그전에 올바른 성인지 감수성을 가질 수 있게 하려면 어떤 노력을 어떻게 기울여야 할지 막막하다.

+

미국의 한 시사주간지는 '한국인이 아이를 안 갖는 진짜 이유'라는 칼럼에서 저출생의 원인을 '젠더 갈등'으로 지목했다.**

✕ 경향신문, [커피 산업 4배 넘는 성착취 산업, 실태조사는 없다], 2020. 04.

✕✕ The Atlantic, [The Real Reason South Koreans Aren't Having Babies], 2023.03.

'한국에서는 성별이 가장 날카로운 사회적 단층'이라며 여성으로 살며 겪어온 차별과 폭력이 비연애, 비성관계, 비혼, 비출산의 4B(非)운동으로 이어진다고 분석했다.* 우리 사회는 이 문제를 얼마나 제대로 바라보고 있을까. 젠더 갈등과 저출생은 긴밀하게 연결되어 있지만, 저출생 극복에 힘을 싣는 동안 오히려 성평등 대책은 후퇴하고 있는 게 아닐까.

심화되는 젠더 갈등에 대한 근본적인 해결 없이는 아들도, 딸도 낳기 점점 어려운 일이 될 텐데 말이다.

✕ 조선일보, ["한국 남녀, 서로 불신·증오"…한국 저출산 근본 원인은 젠더 갈등?], 2023.03.

낳을까 말까

2장

잘 해낼 수 있을까?

상상해 본 적 없는
엄마라는 단어 앞에

주삿바늘도 두려운 내가
어떻게 출산을

내가 주사 맞는 걸 본 뒤로 남편은 계속 날 따라하며 골려댄다. 대략 이런 광경이 펼쳐지기 때문이다.

"제가 엄살이 진짜 심하거든요… 무시하고 놔주세요… 제발 한 번에 찔러주세요…."

다 큰 성인이 주사기를 쳐다보지도 못하고 다리를 달달 떠는 건 좀 창피하다. 공포는 단지 주사에서 끝나지 않는다. 고백하자면 실은, 모든 병원 진료가 무섭다. 그중에서도 가장 가기 싫은 곳은 산부인과다. 부인과 진료를 받아본 여성이라면 공감하겠지만, 다리를 쫙 벌린 채로 높게 걸쳐 앉아야 하는 일명 '굴욕 의자'가 주는 기분은 말 그대로 굴욕적이다.

굴욕감을 느낄 필요가 없다고, 몸을 검사하는 방법일 뿐이라며 되뇌어 보지만 괴로움을 멈출 수가 없다. 애써 마음을 가라앉히고 의자에 앉는 순간 긴장과 두려움 탓에 나도 모르게 몸이 뻣뻣하게 굳는데, 이때 들리는 간호사, 의사 선생님의 한숨 섞인 고함이 나를 더 위축시킨다. "더 엉덩이 내리세요!" "힘주지 마세요!"

절대 앉고 싶지 않은 이 의자에 앉아 진료를 받고 나면 어느새 깊은 분노가 찾아온다. '남성에게 자궁이 있었다면 절대 이런 방식으로 검사를 진행하지 않을 것이다. 여성에게만 자궁이 있다니! 신은 여성 혐오주의자임이 분명해' 하고 말이다.

간단한 자궁 경부 검사도 이렇게 두려운데, 임신과 출산 과정을 내 정신과 몸이 견뎌낼 수 있을지 잘 모르겠다. 솔직히, 까무러치지 않을 자신이 없다. 사실 이것은 내가 출산을 망설이는 중대한 이유 중 하나다.

아무도 알려주지 않는 출산의 진실

수년 전 온라인에 '아무도 알려주지 않는 출산의 진실'이란 게시물이 퍼진 적이 있다. 학교 성교육 시간엔 배운 기억이 없는

낳을까 말까

적나라한 사실 앞에 너무 놀라 말문이 막힐 정도였다.

질식 분만 시 회음부를 길게 절개한다는 것을 그때 처음 알았다. 무통주사가 이름처럼 통증을 '0'으로 만들어주는 게 아니라, 그저 통증을 줄여줄 뿐이며 운이 나쁜 경우 아예 약효가 듣지 않을 수 있다는 것도 마찬가지다. 가장 충격적이었던 건 내진인데, 자궁문이 얼마나 열렸는지 확인하고자 의사가 질 안으로 손을 깊게 넣는다는 것은(그것도 여러 번!) 몰랐던 사실이다. 게다가 출산 후 4~6주 내외로 '오로'라는 분비물이 생리대가 다 젖을 정도로 많이 나오기도 한다는 것… 텍스트로만 읽는데도 머리가 핑핑 돌았다.

아니, 정말로 이렇게 태어났다고? 지구의 수많은 여성들이 어떻게 이 고통을 감내하며 인류의 역사를 이어온 것인지 믿기지 않았다. 이제야 진실을 알게 된 것에 배신감을 느꼈다. 출산을 결심하고 나서가 아니라, 이런 사실은 어릴 때부터 남자든 여자든 모두 함께 알아야 하는 게 아닐까? 물론 그 게시물을 읽자마자 바로 아이 낳을 마음이 쏙 사라진 걸 보면, 왜 아무도 자세히 안 알려줬는지 이해는 간다. 진실을 드러내봤자 출생률에 아무런 도움이 안 될 테니까 말이다.

불과 100여 년 전까지만 해도 산모의 생명을 걸어야 할 만큼 위험했던 출산이 의학의 발전 덕분에 많이 안전해진 건 사실이다. 그럼에도 다른 분야에서 과학이 이뤄낸 엄청난 진보와 비교하면, 출산에서 여성이 감내해야 하는 정신적, 신체적 고통은 크게 줄어들지 않은 것 같다. AI다, 우주 시대다 하는 2020년대에 여전히 이렇게 아프게 아이를 낳아야만 한다는 사실은 영 아쉬울 뿐이다. 이것이 정말 최선일까.

영국 국민보건서비스 소속 조산사인 리어 해저드는 『자궁 이야기』를 통해 의학계에서 여성의 몸을 다뤄온 방식에 대해 밝힌다. 책에 따르면 여성의 신체에 대한 연구는 놀라울 정도로 아직 미개척지가 많다. 가령, 정액이나 정자에 대한 논문은 1만 5,000편인데 반해 생리혈에 대한 연구는 400편에 불과하다고 한다. 여성에게만 있는 신체기관은 돈이 안 된다고 생각하는지, 특히 연구비를 따내기가 어렵다고 한다. 그나마 이뤄진 초기 연구들은 대부분 남성에 의해 진행되었는데, 환자의 고통을 줄여주기 위해서라기보다는 의료의 효율성을 극대화하기 위한 목적인 경우가 많았다.*

『자궁 이야기』에 담긴 수많은 사례 중, 유도분만제에 대한 내용은 특히 놀라웠다. 유도분만제는 출산 예정일이 지났거나, 아이를 더 빨리 출산하는 것이 좋다고 판단되는 경우에 진

X 48p, 리어 해저드, 김명남 옮김, 『자궁 이야기』, 김영사, 2024

통을 촉진하는 목적으로 사용한다. 대부분 산모와 아이의 건강을 최우선으로 고려해 진행되지만, 여기엔 대형 병원 분만 시스템의 효율성 추구가 교묘히 섞여 있음을 지적한다. 이는 유도 분만 물질을 초기에 발견한 남자 의사의 발언에서도 드러난다. 그는 "이 분말을 사용한 뒤로 나를 세 시간 이상 붙잡아둔 사례는 거의 없었다"고 찬사를 보냈다.[*]

모든 여성의 몸이 다르고, 적정한 진통 주기와 분만 속도는 다를 수밖에 없을 거다. 그러나 빠른 출산이 장려되는 오늘날의 의료 환경 때문에 유도 분만제가 필요 이상으로 쓰이고 있다는 우려는 커지고 있다. 만약 의학이 효율성이 아닌, 진정으로 여성의 고통을 덜어주는 것에 초점을 두고 발전해 왔다면 출산은 식은 죽 먹기가 될 수도 있지 않았을까.

출산은 꼭 굴욕적일 수밖에 없을까?

병원이 싫은 건 단순히 찌르고, 쑤시고, 상처를 내는 곳이어서가 아니다. 병원 진료를 받을 때면 나라는 존재는 지워지고 그

✕   위의 책, 174~175p

저 '몸뚱이'가 되는 듯한 기분을 느낀다. 내 몸은 마구 휘젓고, 들여다 봐도 되는 것이지만 무엇을 어떻게 했는지 명확하게 말해주지 않는다. 의사와 간호사는 너무 바쁘다. 돌봐야 할 몸뚱이가 너무 많은 탓에 환자와의 소통 시간은 한정적이다. 그들은 늘 예민하고, 자기들끼리만 아는 말로 쑥덕거린다. 온통 새하얀 조명과 알코올 냄새, 차가운 수술 침대로 대표되는 낯설고 삭막한 환경은 치유와는 거리가 있어 보인다. 몸이 건강할 때 가도 그다지 기분이 좋지 않은 공간에서, 내 마음 건강은 아픈 내가 챙겨야 한다.

일생일대의 출산 경험을 '병원'에서 해야 한다니! 차가운 병원의 이미지는 출산을 주저하게 만든다. 많은 여성이 분만을 하며 인간으로서의 존엄성을 침해받았다고, 마치 한 마리 짐승이 된 듯한 느낌이었다고 이야기한다.『자궁 이야기』에 소개된 한 조사에 따르면 병원에서 출산한 미국 여성의 28.1%가 '자율성 박탈, 고함, 비난, 위협, 무시, 거부, 도움 요청에 대한 무응답' 등 한 종류 이상의 학대를 받았다고 응답했다.'

아이를 낳는 과정은 그저 수치스럽고 굴욕적일 수밖에 없는 것일까? 여성은 출산에서도 주체가 아닌 그저 '몸뚱이'가 될 수

✕ 위의 책, 240p

낳을까 말까

밖에 없는 것일까?

언젠가 해외의 가정 분만 영상을 본 적이 있다. 출산이 이토록 차분하고 평화로울 수 있다는 것에 큰 충격을 받았다. 천장에서 내리쬐는 형광등 대신 햇빛이 따사롭게 들어오는 자연스러운 조도 아래, 조산사의 도움으로 출산이 진행됐다. 구체적인 출산 장면은 많이 생략되었지만, 진통을 겪으며 산모와 조산사가 자연스럽게 이야기를 나누는 모습은 인상적이었다. 갓 태어난 아기 몸을 하나하나 부드러운 줄자로 재고, 손으로 수치를 적는 장면은 내가 그간 상상했던 공포스러운 출산의 이미지와는 너무 달랐다. 처음으로 출산이 아름답게 느껴졌다. 소독약 냄새가 가득한 서늘한 공간에서의 출산이 아닌, 산모가 가장 편안하게 느끼는 공간에서의 출산. 수술대 위의 몸뚱이에 불과한 것이 아닌 내가 온전히 주인공이 되는 출산. 그 영상은 '나도 할 수 있겠는데?' 하는 자신감을 처음으로 불어넣어 주었다.

가정 분만은 우리나라에선 보기 드문 선택지다. 그 대신 보다 산모 친화적인 환경에서, 산모의 의사 결정권을 존중하는 자연주의 출산이라는 대안이 있다. 혹하는 마음에 자연주의 출산을 검색하자 바로 여러 병원의 SNS 광고가 따라붙었다. '연예인 OO가 선택한 출산'이라는, 프리미엄이 강조된 메시지는 내가 본 해외 영상 속 단출한 분위기와는 달랐다. 가격 역시 보험 적용이 되지 않아 꽤 비쌌다. 물론 비싼 비용 외에도 여러 단점이 있다. 분만 중 문제가 생길 경우 다른 병원의 응급실에 가야 할 수도 있고, 태아나 산모의 건강 상태에 따라 애초에 선택이 어려운 경우도 있다고 한다. 그럼에도 출산에서 산모가 주체성을 잃지 않을 수 있다는 건 여전히 매력적인 부분이다.

주삿바늘도 무서워하는 내가 오히려 고통을 정면으로 마주하는 자연주의 출산에 끌린다는 건 아이러니한 일이다. 내가 두려워하는 건 어쩌면 출산 자체가 아닌, 몸을 객체화하는 병원 시스템의 폭력성이 아닐까.

여성의 고통을 함부로 말하는 사회

여러 가지 어려움과 현실적 제약에도 불구하고, 많은 여성들은 용감하게 각자의 출산 이야기를 쓰고 있다. 이토록 힘든 과정을 거쳐낸 여성들을 칭찬하기는 커녕, 그들의 고통을 얕잡고 깎아내리는 일은 너무 빈번하다. 아직도 한국 여성의 제왕절개 선택 비율이 높다고 비난하고, 무통 주사를 여성들의 이기심이라 지적한다. 겪어본 적도, 겪어볼 일도 없는 이들이 출산을 너무 쉽게 입에 올린다. 이 엄청난 과정을 별것 아닌 것으로 치부해 버릴 때마다 황당할 뿐이다.

그중에서도 여전히 뜨거운 주제는 산후조리원이다. 한국 여성만 산후조리원에 간다는 비난은 끊이지 않는다. 산후 회복을 위한 시설인 조리원은 서울 기준 2주에 400만 원을 웃도는 비싼 비용과[*] '조캉스(조리원 호캉스)'라는 별명, 호텔급 시설을 강조하는 홍보 방식이 모여 엉뚱하게도 사치스러운 이미지가 덧씌워졌다. 정말로 산후조리원은 불필요한 호강일까?

정작 조리원에 다녀온 여성들로부터 들은 진짜 이야기는 널리 퍼진 이미지와는 사뭇 달랐다. 나 역시 누워서 마사지를 받고 쉬는 줄만 알았던 조리원 생활은 사실 매우 바빴다고 했다. 너덜너덜해진 몸으로 2시간마다 직접 수유를 하거나, 3시간마다 유축기로 모유를 짜내야 한다. 새벽에도 예외는 없다. '젖소가 된 기분'이라는 우스갯소리가 괜히 있는 게 아니다. 당연히 모유 수유를 위해 산모가 먹는 음식도 간이 약한 음식으로 제한된다.

무엇보다 대부분의 여성은 조리원에서 남편 없이 육아의 첫

× 한겨레21, [산후조리원이 600만원? 지자체 설레발에 서민 부담 껑충], 2024.10.

여전히 뜨거운 논쟁의 중심인, 산후조리원.

발걸음을 뗀다. 몸도 성치 않은 시기에 제대로 안아본 적도 없는 아기를 홀로 마주하고, 속싸개 싸는 법, 모유 수유하는 법 등을 배운다. 2025년 2월부터 배우자 출산 휴가가 10일에서 20일로 대폭 확대되었지만 이는 여전히 여성의 3개월 출산 휴가에 비해 짧다. 때문에 조리원과 산후도우미 등 누군가의 도움을 받을 수 있는 시기가 지난 뒤 남편이 휴가를 쓰는 것이 합리적으로 여겨진다. 남편은 그제야 육아 실전에 투입돼 아내가 그간 전문가들에게 배워온 아이 돌보는 법을 전해 듣는다. 어쩌면 이때부터 돌봄에서의 격차가 시작되는 건 아닐까.

임신, 출산 과정에서 열린 자궁과 뼈가 닫히는 데 시간이 필

남을까 말까

요한 것은 상식이다. 사람마다 다르지만 몸의 전반적인 기능들이 완전히 회복되기까지는 적어도 3개월이 걸린다고 한다. 세계보건기구^{WHO}가 발표한 '산모와 아기를 위한 산후 처리 권고사항'엔 "출산 후 첫 일주일간은 외부활동을 하기보다 의료인의 방문을 통해 진찰을 받아야 하고", "10~14일 이후부터는 산모와 아기 모두가 정신적인 변화를 겪는 시기이기 때문에 따로 보살핌이 필요"하다는 내용이 기재되어 있다.* 글로벌 MSD 매뉴얼에도 출산 후 6주를 산모의 신체가 임신 전 상태로 돌아가는 산후 기간으로 정의한다. 많은 산부인과 전문의들은 산모가 이 기간 동안 휴식을 가져야 한다는 데 동의한다.

우리나라뿐 아니라 아시아, 남미 등 많은 나라에서 전통적으로 산후 조리 문화가 존재해 왔다. 잘 알려지지 않았지만 프랑스와 영국을 비롯한 유럽 국가에서도 정부 지원으로 산후 도우미 서비스가 제공된다. 산후 조리 문화는 한국 여성만의 유별난 허영이나 사치가 아니다.

일각에서는 출산 후 빠르게 일상적인 활동에 복귀하는 것이 산모의 건강한 회복에 더 좋다는 주장도 있다. 낮아진 출생률

×　WHO Guideline, <WHO recommendations on postnatal care of the mother and newborn>, 2013

과 맞물려 해가 갈수록 고급화 전략을 택하는 프리미엄 조리원에 대한 비난도 어느 정도 이해는 간다. 그럼에도 불구하고 이 모든 것은 출산의 주체인 여성이 스스로 결정할 일이다.

$+$

"애 낳는 거 별것 아냐. 나도 했는데 뭘."

임신과 출산에 대한 공포를 털어놓으면 유자녀 여성들은 나를 안심시키곤 한다. 마치 엄살 부리는 아이를 바라보는 표정으로 말이다. 그러나 무수히 많은 여성이 겪어왔다고 해서, 별것 아닌 일로 치부되어서는 안 된다. 누군가는 정말로 이 이유 때문에 출산을 망설일 수도 있다고, 이런 목소리도 있다고 말하고 싶다. 결국 지나가고, 기억이 희미해지는 경험이라고 할지라도 자꾸 얘기해야 한다고 생각한다. 그래야만 더 나은 출산 환경이 만들어질 수 있지 않을까. 당연한 듯 여겨지고, 때로는 폄하되는 출산 경험이 아주 위대하고 모험적인 일이라는 인식의 변화와 함께 말이다.

모두의 임신, 출산 경험이 고통으로 얼룩져 있지 않다는 것을 안다. 공포를 토로하는 내게, 친구는 한 생명과 몸 안에서 교감했던 일이 무척 경이로웠다고 말해주었다. 그녀는 임신을 남자가 할 수 있는 시대가 되더라도 절대 양보하고 싶지 않을 만큼 소중한 경험이었다고 말했다. 반면, 먹덧과 입덧이 번갈아 와서 임신 시간 동안 30kg가량 체중이 늘어난 친구도 있다. 먹고, 토하고를 반복하던 그녀는 위와 식도가 많이 상했다. 잠이 쏟아져 일상생활을 제대로 할 수 없거나 자궁 수축으로 거의 누워만 있어야 했던 사람도 있다. 이처럼 개개인의 경험은 모두 다르다. 출산 과정에서 내게 얼마나 행운이 따를지는 직접 낳아보기 전엔 알 수 없다.

"육아에 비하면 임신, 출산은 순한 맛"이라는 경험자들의 이야기를 들으면 두려움은 더 커진다. 출산 후 장기의 위치가 이동해 체형이 변하는 것은 물론, 머리카락도 빠지고 치아 건강이나 심지어 기억력까지 안 좋아지는 경우가 많다. 이렇게 신체 기능이 급속도로 약화된 상태에서 혼자서 먹을 줄도, 쌀 줄도, 잘 수도 없는 유약한 아기를 잠까지 못 자면서 키우는 것이 힘들지 않다면 이상한 일일 거다. 생살을 찢는 출산의 고통도 상상하기 어려운데, 그것보다 힘들다니 과연 육아의 고통은 어떠하단 말인가.

주삿바늘도 무서운 내가 이 모든 것을 감당할 수 있을까? 그런 걸 다 차치하고도 아기를 원하나? 이 질문에 대한 답은 아직 잘 모르겠다. '아무도 알려주지 않는 출산의 진실'을 읽게 된 날, 배우자와 나누었던 대화가 기억난다.

"회음부를 칼로 찢는대." "내진이라는 걸 하는데 손을 넣어서 휘젓는 거래." "출산 후에 오로가 계속 나온대." "처음 소변 볼 때 진짜 죽을 맛이래." "모유가 막 줄줄 샌대."

그는 한숨을 쉬며 대답했다.

"그냥 낳지 말자… 차라리 내가 낳을 수 있다면 좋을 텐데."

그러게, 정말 남편이 대신 낳아줄 수 있다면 고민은 한결 가뿐해질지도 모르겠다. 임신, 출산의 고통이 낳을까, 말까라는 고민의 전부는 아니지만 말이다.

낳을까 말까

공동 육아라는
환상

서점의 육아 서적 코너에 가면 책 제목에는 온통 '엄마' 뿐이다. 『아이를 OO하게 기르는 엄마의 육아법』『OO한 엄마는 이렇게 육아한다』『엄마가 변해야 아이가 OOO 된다』 엄마만 아이를 키우는 시대는 지난 것 같은데, 왜 아직도 이렇게 육아서엔 '엄마'만 가득한 것일까.

육아용품 브랜드에서 마케터로 일하는 나도 '엄마'라는 단어 앞에서 자주 갈등한다. 제품 상세페이지와 광고에 들어갈 문구를 쓸 때, '엄마'라는 단어를 대체하는 일은 실패로 돌아갈 때가 많다. 카피라이팅의 대원칙은 짧고, 간결하게다. '엄마'와 '맘' 대신 '엄마, 아빠'라고 쓰면 벌써 몇 자가 더 많아진다. 다른 대체어인 '부모'를 선택할 수도 있지만 그 단어는 어딘가 엄숙하고 딱딱해 보인다. 결국 울며 겨자 먹기로 '엄마도 편안한' '돌끝맘' 같은 마음에 들지 않는 단어로 마무리할 때면 영 아쉬움이 남는다.

대부분 육아 브랜드의 메인 타깃은 엄마, 즉 여성이다. 부모 역할을 할 성인 모델을 기용할 때 엄마 모델은 필수지만, 아빠 모델은 선택 사항일 때가 많다. 라이브 쇼핑이나 SNS에서 고객에게 말을 걸 때, '어머님들' '우리 엄마들'이란 호칭은 일반적이다. 광고 집행 시 효율을 위해 아예 남성을 노출 대상에서 제외하는 경우도 적지 않다.

아빠들은 육아서를 읽지 않는 걸까? 여성의 뇌 구조가 남성보다 유독 육아용품 쇼핑에 적합할까? 여성의 SNS 사용 비율이 월등히 높아서일까? 일상적인 단어에서조차 아빠는 배제되어 있다. '워킹맘'이란 말은 있지만 '워킹대디'라는 말은 벌써 낯설다. '맘카페'는 있지만 '대디카페'는 없다. 이렇듯 '엄마'라는 단어는 쉽게 '아빠'로 대체되지 않는다. 이는 아직도 육아의 주체는 여성이며, 남성은 도와주는 존재에 머물러 있는 현실을 보여준다.

어리숙한 엄마는 없다

첫 회사엔 연차 권장일이라는 게 있었다. 한 달에 한 번, 마지막 금요일 하루만큼은 가급적 다 함께 휴가를 내고 쉬도록 하는 제도였다. 연차 권장일에 뭘 하고 놀지 미리 고민하던 일이 신입사원 시절엔 가장 큰 기쁨이었다. 얼마 지나지 않아 알게 된 사실인데, 이 제도를 아내에게 비밀로 하는 차장, 부장들이 꽤 많았다. 그들 대부분은 아빠였다. 육아에 시달리기 싫다는 이유로 연차 권장일을 숨기고 그냥 출근하는 척 밖에서 시간을 보내다 집에 들어간다는 것이었다. 이런 얘기를 우스갯소리로 하던 회식 자리에서 내내 표정 관리는 어려웠다.

그로부터 10년이 지났다. 다행히 시대는 빠르게 바뀌어갔다. 〈슈퍼맨이 돌아왔다〉 〈아빠 어디가〉 와 같은 아빠 육아 예능이 히트를 쳤다. 주위를 둘러봐도 남성의 육아 참여도는 날로 높아지고 있다. 도와주는 걸 넘어, 아빠와 함께 아이를 키운다는 인식이 널리 받아들여지고 있다.

반면 여전히 멀었다는 생각이 드는 부분도 있다. SNS의 인기 숏폼 영상을 볼 때 그렇다. '아빠에게 아이를 맡기면 생기는 일', '아빠가 놀아주는 법'과 같은 제목의 영상 속, 육아에 서투른 아빠는 우스꽝스러운 실수를 한다. 미숙하지만 어떻게든 최선을 다하는 아빠의 모습은 웃음과 공감을 자아내지만, 한편으로는 불편하다. 피차 육아가 처음인 건 엄마도 마찬가진데, 그 어디에도 어리숙한 엄마는 존재하지 않기 때문이다. 아빠도 엄연히 육아의 공동 주체이자, 어엿한 성인임에도 오직 아빠 육아에 있어서만 한없이 너그러운 기준을 마주한다.

최근엔 베테랑급으로 육아를 척척 해내는 아빠도 보인다. 뚝딱 이유식을 만들어 먹이고, 집안일까지 슥슥 끝낸 뒤, 엄청난 체력으로 아이와 놀면서 에너지를 쏙 빼놓는 모습에 입이 벌어진다. 아니나 다를까 이런 아빠들에겐 '최고의 남편', '유니콘 아빠'라는 엄청난 찬사가 쏟아진다. 그런데, 이 정도는 엄마들이 매일, 당연히 해온 일들이 아닌가? 우리 엄마는 나를 키우면서 누구에게도 이런 칭찬을 받은 적이 없는 것 같은데 말이다.

아빠는 서툴러도 괜찮다는 관대함 덕분에, 남성은 조금만 가사와 육아에 적극적이어도 금세 '좋은 아빠'로 칭송받는다. 칭찬이 뭐 그리 대수냐고? 더 많은 좋은 아빠가 생기려면 더 많이 칭찬해 줘야 하지 않겠냐고? 글쎄, 같은 일을 엄마가 하면 응당 당연한 일이 되는데, 아빠가 하면 다정하고, 가정적이고, 남에게 귀감이 되기까지 하는 건 좀 과하지 않나. 본래 칭찬이란 지극히 당연한 일에는 하지 않는다. '좋은 아빠'에 대한 과도한 찬사와 선망은 육아가 원래 남성의 일이 아니라는 생각을 부각할 뿐이다.

『아내 가뭄』속 아래 문장은 이런 내 생각을 대변한다.

> "우리 사회는 아버지들에게 육아에 젬병이 되도록 허용할 뿐만 아니라 젬병일 거라고 기대한다. 젬병이 되라고 권장한다. 그래서 막상 젬병이 아닌 아버지를 보면 매번 놀란다."[*]

진짜 육아휴직, 가짜 육아휴직

그러던 중 반가운 소식이 들려왔다. 2025년부터 육아휴직 기간이 기존 1년에서 1년 6개월로 대폭 늘어났다. 부부가 함께 육아휴직을 쓰면 세 돌까진 아이를 직접 돌볼 수 있다니, 이제껏 들은 정부의 출산 장려 정책 중 가장 그럴 듯해 보였다.

불과 10년 전까지만 해도 남자가 육아휴직을 쓴다는 건 꽤 이례적인 일이었는데, 이제는 주변에서도 어렵지 않게 찾아볼 수 있다. 여성들이 쓰는 비중에 비하면 적지만 최근엔 전체 육아휴직자의 3분의 1이 남성으로 집계될 정도로 빠르게 증가

✕ 259p, 에너벨 크랩, 황금진 옮김, 『아내 가뭄』, 동양북스, 2016

하고 있다.* 이런 긍정적인 변화가 펼쳐지고 있지만 아직 육아휴직이 모든 남성에게 열려 있는 건 아니다. 신혼 초, 배우자는 아이를 주저하는 내게 낳기만 하면 잘 키워보겠다며 날 설득한 적이 있다.

"너는 출산 휴가 후 바로 복직해. 내가 먼저 육아휴직을 내고 아이를 키울게."

꽤나 솔깃한 이 제안은 남편이 이직을 하자마자 지킬 수 없는 약속이 됐다. 남편이 새로 옮긴 직장은 이전 회사와 달리, 남성들이 육아휴직을 활발하게 하는 분위기가 아니었다. 커리어를 포기한 사람이나 쓰는 것이란 인식이 흔한 문화에서 육아휴직은 많은 것과 맞바꿔야 하는, 기회비용이 큰 선택지다.

남성 육아휴직이 육아와 무관한 목적으로 사용되기도 한다. 공황장애나 번아웃 등, 직장에서의 스트레스가 극심할 때, 회사를 그만두기 직전, 최후의 수단으로 육아휴직을 내는 일이 드물지 않다. 마치 육아휴직을 질병 휴직처럼 쓰는 셈이다. 나의 첫 직장에서도 육아휴직을 오용하는 사례가 종종 있었다. 당시는 남성의 육아휴직이 용기를 내야만 가능하던 때였다. 흔치 않은 선택을 한 몇몇 선구자들에 대해 모두가 용감하다,

× 2024년 1월~11월 기준, 31.7%, 고용노동부 통계

낳을까 말까

대단하다며 한마디씩 했던 기억이 난다. 나중에 알고 보니 그때 휴직한 남직원 중 육아에 전념한 사람은 많지 않았다. 아이는 주로 부모님이 돌보고, 대학원에 다니거나 전직을 위한 전문 자격증 공부를 하곤 했다는 것이다.

좋은 아빠라고 얼마나 칭찬했는데! 그들은 육아휴직을 스펙을 쌓기 위한 자기계발 휴직으로 사용한 것이었다. 가정의 더 나은 미래를 위한 똑똑한 선택이었겠지만, 어딘가 씁쓸해졌다. 휴직 기간 동안 내 주위 여자 동료들은 정말 힘들게 아이를 돌보고 회사에 복귀했기 때문이다.

합리적인 선택의 이면

물론, 좋은 아빠들이 많다는 것도 안다. 지금 아빠들은 가정에 무심했던 우리 세대 아빠들과 비교할 수 없을 정도로 가사와 육아에 적극적이다. 매일 아파트 단지에서 아이를 직접 등, 하원 시키는 많은 아빠를 마주한다. 남편의 여동생 가족만 해도 엄마가 직장 생활을 하고 아빠가 전업주부로서 두 아이 육아를 전담하고 있다. 백화점에선 엄마보다 더 깐깐하게 육아 용품을 고르는 아빠를 본다. 대학 남자 동기 중 하나도 아이를

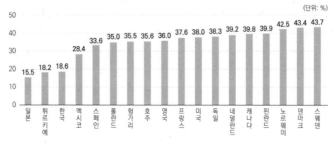

해외 주요국의 남성 가사노동 분담 비중 (2019년)

(단위: %)

한국 남성의 가사 분담 비중은 세계에서 최하위권이다.

(〈헤럴드 경제 : '스칸디나비아 3국' 남성 가사비중 40% 넘어…한국은 18.6%에 그쳐〉 그림 참조)

키우기 위해 '진짜 육아휴직'을 했다.

　세상이 더 나은 쪽으로 변하고 있는 건 분명하지만, 아직도 속도는 더디다. '좋은 아빠'가 더 잘 눈에 띄는 것일 뿐, 여전히 대다수 가정에서 남성은 육아와 가사의 조력자에 불과한 것이 현실이다. 통계청의 '2024년 사회조사'에 따르면 "가사를 공평하게 분담해야 한다"는 응답 비중은 68.9%로 크게 개선됐지만, 여전히 5가구 중 4가구에서는 아내가 더 많은 가사 노동을 담당하는 것으로 집계됐다. "가사를 공평하게 분담하고 있다"고 응답한 여성은 23%에 불과했다.* 한국의 낮은 출생률의

✕　이코리아, [저출산 위기, 해법은 공평한 가사 분담?], 2024.11.

낳을까 말까

직접 원인으로 남성의 가사 육아 분담 비율을 지적하는 해외 전문가들이 적지 않다.[*]

이 문제를 단순히 가사와 육아를 기피하는 남성들의 이기심으로 바라보고 싶진 않다. 여기엔 어쩔 수 없는 사회 구조의 문제가 얽혀 있다.

> "꼭 엄마라서가 아니라, 수입이 적은 내가 육아에 집중하기로 했어. 나름 합리적인 선택을 한 거야."

육아휴직 후 직장을 그만둔 친구가 건넨 말 속엔 불편한 진실이 숨겨져 있다. 대한민국 남성과 여성의 임금 격차가 세계에서 가장 크다는 사실이다. 그것도 27년 연속 세계 1위인 데다, 유일하게 임금 격차가 30%를 넘는다. 여성의 비정규직 비율은 늘 남성보다 높고, 정규직과 비정규직의 임금 격차는 나날이 커지고 있다.[**]

수입이 많은 쪽이 커리어를 유지하고, 수입이 적은 쪽이 직

×　경향신문, [노벨상 경제학자, 한국 콕 집어 "남성이 가사노동 적게 할수록 출생률 낮아]], 2025.02.

××　경향신문, [여전히 큰 성별임금격차…비정규직은 10년간 격차 더 커졌다], 2025.01.

장을 그만두거나, 아이를 더 많은 시간 돌보는 것이 합리적인 선택인 것은 분명하다. 그러나 합리적인 선택만 계속된다면 우리나라에선 절대로, 남성이 육아의 주체가 될 가능성은 없을 것이다. 언제나 수입이 적은 여성이 주 양육자가 되는 것이 합리적이기 때문이다. 그리고 이런 일이 계속된다면 기업은 계속해서 공백 없이 일하는 남성을 선호할 것이다. 그렇게 되면 남성과 여성의 임금 격차는 아무리 시간이 지난다고 해도 쉽게 좁혀지지 않을 것이다.

남편을 원망하지 않을 수 있을까

이런 구조적 두려움 때문에 20대 내내 결혼을 주저했다. 그것이 성 역할에 대한 오랜 고정관념 탓이든, 부부의 합리적인 선택이든 간에, 여성이 자연스레 가사와 육아를 전담하게 되는 익숙한 서사의 주인공이 되고 싶지 않았다. 기성세대가 구축한 흔한 부부의 이미지는 끔찍했다. 집에 아이 물건이 어디에 있는지 모르고, 아이와의 대화는 어색하며, 그저 돈 벌어오는 기계로 전락해 버린 남편. 그런 남편에게 신경질적인 태도로 소위 '바가지를 긁는' 아내. 그런 게 결혼과 육아라면 그닥 내키지

낳을까 말까

않았다.

나와 배우자는 남편과 아내라는 고정된 역할이 아닌, 그 자신으로서 관계 맺기를 원했다. 충분한 대화와 약속이 있었기에 비로소 결혼을 결심했다. 아이 없이 8년째, 우리는 꽤 기대에 가깝게 살고 있는 것 같다. 우리는 서로 가장 가깝고 좋은 친구이자, 모든 이야기를 솔직하게 논의할 수 있는 좋은 파트너이다.

아이를 낳더라도 지금과 같은 관계를 유지할 수 있을까? 처음엔 우리 둘 다 그럴 수 있다고 생각했다. 비록 임신, 출산은 온전한 내 몸의 희생으로 치러야 하겠지만, 그 대신 육아를 더 많이 전담하겠다는 남편의 포부가 있었다. 그럴 때면 아이를 갖는 것에 부정적이던 마음도 조금씩 열리곤 했다. 내 기준에서는 지극히 당연한 말이지만, 여전히 "많이 도와줄게"라는 말이 최선의 배려인 남성이 많은 게 현실이니까.

자신 있게 아이를 낳자고 했던 남편의 목소리는 현실 앞에 점점 작아지고 있다. 지금 우리의 상황에서 남편이 육아에 전념하는 건 도무지 합리적이지 않기 때문이다. 남편의 수입이 더 높고, 앞서 말한 것처럼 큰 각오 없이는 육아휴직을 쓰기 어려운 환경이다. 게다가 재택근무로 일하는 내 편이 좀 더 시간을 유연하게 운용할 수 있다. 아이를 낳으면 누가 봐도 내가 주 양육자가 될 게 뻔하다. 그게 최선의 선택이니까.

+

공동 육아라는 희망이 저 멀리 있는 환상이었음을 깨달았을 때, 내가 한 번도 상상한 적 없는, 전형적인 '엄마'가 되었을 때, 과연 남편을 원망하지 않을 수 있을까? 우리의 선택을 후회하지 않을 수 있을까? 어쩔 수 없이 아이와 시간을 덜 보낼 수밖에 없는 남편이 과연 어리숙한 아빠가 되지 않을 수 있을까? 지금의 우리 관계가 육아로 인해 훼손되면 어쩌나? 그저 그런 고리타분한 부부 사이가 되지 않을 수 있을까? 그러려면 어떤 노력을 얼마나 더 해야 하는 것일까?

이런 고민에 시간을 쏟으니, 지금처럼 아이 없이 사는 현실을 택하게 된다. 그것이 지금 우리에게 가장 '합리적인' 선택처럼 느껴진다.

나를 잃지
않을 자신

친가에서 엄마는 '혜인 엄마'로 불린다. 내가 태어나기 전까지 다들 엄마를 어떻게 호명했을까. 분명한 건 엄마는 나를 얻음으로써 자기 이름을 잃었다.

애매한 사이거나 이름을 까먹었을 때 'OO 엄마' 'OO 아빠'라는 호칭이 주는 편리함을 모르는 건 아니다. 누군가에겐 이름보다 더 친근하게 들릴 수도 있다. 그러나 내겐 이것이 나를 잃는 단적인 예로 느껴진다. 난 아이를 낳더라도 누군가의 엄마로 불리기보단 내 이름으로 호명되고 싶다.

아이를 키우느라 자신을 잃어버린 수많은 여성들을 목격해왔다. 평생을 육아와 가사에 바치고 결국 엄마와 아내, 며느리로서의 정체성만 남은 여성들, 자녀가 성인이 되고서야 뒤늦게 '나' 찾기에 뛰어든 중년 여성들을 본다. 우리 세대는 많이 달라졌다고 하지만 아주 짧은 혼자만의 '자유부인 시간'을 찾기 위해 애쓰는 또래 엄마들을 보면 다시 한 번 생각하게 된다.

엄마가 된다는 건 여전히 무언가를 잃는 것이구나.

엄마처럼 살 자신

어쩌면 이런 걱정은 내가 경험한 유일한 모성의 모습에서 비롯된 것일지도 모른다. 우리 엄마는 그야말로 슈퍼우먼이었다. 평생 바깥 일을 했지만 설거지, 빨래, 화장실 청소 등 모든 가사 노동을 도맡았고, 아침 일찍 출근하면서도 딸의 아침 식사와 하교 후 저녁 식사까지 미리 준비해 두었다. 당시 일하는 엄마들이 그랬듯 나의 숙제를 봐주거나 학원을 알아보고, 원비를 내는 것도 엄마의 몫이었다. 그 와중에 양가 어른들의 경조사까지 직접 챙겼다. 딸에게 집안일을 부탁할 법도 한데, 손에 물 묻히는 습관이 들면 나가서도 궂은일을 도맡게 된다며 내 방 청소나 정리조차 시키지 않았다.

신도시에서 자랐고 외고에 다니던 내 친구들 중 우리 집 같은 맞벌이 가정은 드물었다. 학교가 끝나고 집에 가면 엄마가 다과를 내어주는 친구네 집이 부럽다고 투덜거렸을 뿐, 일하는 엄마의 힘듦에 대해 자세히 생각해 본 적이 없다. 해본 적이 없었으니 미처 알지 못했다. 직장인이 되고, 직접 내 살림을 꾸리고서야 당시 엄마의 하루가 얼마나 고되었을지 알게 됐다. 아니, 감히 상상할 수조차 없다는 것이 정확한 표현일 듯하다. 재택근무를 하면서 겨우 반려견 한 마리를 돌보는 것만으로도 너무 벅찬데, 엄마는 그 모든 걸 어떻게 해낸 걸까.

30여 년간 바쁘게 살아온 엄마는 잠깐 낮잠을 자는 일이 없고, 누워서 빈둥거릴 줄도 모른다. 번 돈은 고스란히 나를 키우는 데 썼고, 여전히 자신을 위한 소비에 서툴다. 50대 초반부터 여기저기 아프기 시작했지만 아직도 몸을 사리지 않는다. 보고 자란 게 이렇다 보니, 엄마가 된다는 건 내게 거의 불가능한 도전처럼 느껴진다. 아이를 낳고 기르는 일이란 곧 안락한 삶의 포기이자, 엄청난 희생이 불가피하며, 자아를 송두리째 잃는 경험이란 생각이 무의식에 자리 잡아서다.

아무리 생각해 봐도 엄마처럼 살 자신은 없다. 그러기엔 내 자신이 너무나 소중하다.

포기하고 싶지 않은 것들

엄마는 스물다섯, 대학을 졸업하자마자 결혼했고 나를 낳았다. 어린 엄마가 뭘 알았을까. 그땐 다 그렇게 살았고, 그런 삶이 당연했다. 한편 중학교 때부터 〈프렌즈〉와 〈섹스앤더시티〉를 보고 자란 나는 엄마와 다른 세대다. 미국 드라마 속엔 자신의 삶을 사랑하고 즐기는 싱글 여성이 있었고, 희생이나 모성 같은 단어는 존재하지 않았다. 내가 당연하게 꿈꾼 미래는 엄마의 삶이 아닌 텔레비전 속에 있었다.

지금 나는 엄마가 나를 출산한 나이보다 꼭 열 살 더 많다. 엄마가 아이를 키우며 보낸 20~30대의 10년을, 나는 다른 삶의 경험들로 채웠다. 잘 짜인 지금의 일상에 아이를 더하려면 무언가는 반드시 빠져야 하는데, 서른다섯의 나는 스물다섯의 엄마보다 잃을 게 더 많다.

아이 없는 지금의 내 삶은 질서 있고 평화롭다. 매일 아침 일어나 찻자리를 가진 뒤 요가 수련을 한다. 잠자기 전엔 클래식 라디오를 들으며 책을 읽는다. 봄, 가을, 날씨가 좋은 날이면 남편과 자전거를 탄다. 인테리어 공사를 하고 들어온 집엔 내 취향에 맞는 물건만 존재한다. 대단한 건 아니지만 이런 사소한 일상이 잘 지켜질 때, 살 만하다고 느낀다. 문제는 이 모

엄마가 되어도 이런 여유로운 생활은 가능할까.

든 게 아이가 태어나는 순간 위태로워진다는 것이다.

충분한 수면 시간조차 보장받지 못하는 상황에서 다도나 독서 같은 취미는 사치다. 10년 가까이 이어온 요가 수련은 어린이집에 아이를 보낼 수 있을 때까진 내려놓을 수밖에 없을 것이다. 직장 생활로부터의 유일한 탈출구인 여행도 당분간은 안녕이다. 아기를 키우는 친구들 집이 으레 그렇듯, 하얗고 깨끗한 지금의 우리 집도 알록달록한 장난감과 아기 용품으로 가득 찰 것이다. 상상하면 좀 어지럽다. 그땐 나는 어디서 숨 쉴 구멍을 찾을 수 있을까? 지켜온 일상이 사라져도 나는 여전히 나다울 수 있을까? 이렇게 많은 걸 포기하면서까지 굳이 아이를 낳아야 하는 것일까.

시간 빈곤 속, 나를 지켜낼 수 있을까

잃는 것은 지금 가진 것에서 그치지 않는다. 앞으로 더 잃을 것을 생각하면 막막함은 커진다. 아직도 해보고 싶은 게 많다. 가보고 싶은 여행지도 많고, 새롭게 공부하고 싶은 분야도 많다. 지금 하고 있는 요가 수련에 진지하게 매진하고 싶고, 읽고 쓰는 일에도 더 부지런해지고 싶다. 얼마 전, 우리 부부는 새로운 취미로 달리기를 시작했다. 배우자는 주말이면 관심 있어 했던 데이터 분야를 공부한다. 우리 부부가 직장 생활 외에 하는 이런 '딴짓'은 그 자체로 즐겁기도 하지만 나중을 위한 준비이기도 하다. 직장생활로 바쁜 와중에 하루를 쪼개고 쪼개어 겨우 만드는 시간이다. 이렇게 나를 위한 투자를 할 때 미래에 대한 막연한 불안감은 잠들고, 나다워진다고 느낀다.

아이를 낳는 일이 망설여지는 건, 이 모든 것이 아이가 없기에 가능한 일이라는 걸 잘 알고 있기 때문이다. 부모가 되는 순간 최소 10년간은 꼼짝없이 아이 중심의 삶을 살게 될 테니까. 서울에 사는 일하는 엄마, 아빠의 하루 휴식 시간은 0.8시

낳을까 말까

간, 개인 활동은 0.6시간에 불과하다는 조사 결과가 있다. 시간에 허덕이는 문제는 단지 거기에서 끝나지 않는다. 나아가 전반적인 삶의 만족도에 중대한 영향을 준다. 같은 조사에서 24%의 맞벌이 가정이 우울 문제를 겪고 있으며, 심지어 8.6%는 자살 생각까지 한 적이 있다고 답변했다.*

일하는 부모의 '시간 빈곤'이 논의되고는 있지만, 근로 시간과 육아 사이의 고군분투에만 초점이 맞춰지는 것이 아쉽다. 우리는 부모이기 전에 개인이다. '나'는 일과 육아만 하는 존재가 아니다. 충분한 쉼, 좋아하는 일로 하루를 채울 여유, 미래를 준비하는 시간도 필요하다. 일과 육아 두 가지를 간신히 해낸다 한들, 개인 삶의 행복도는 다른 차원의 이야기다. 나의 30~40대를 오롯이 육아와 일 사이에서 허덕이며 보내리라 생각하면 겁이 난다. 아이는 사랑이고 행복이라지만, 그런 내 삶은 행복하지 않을 것 같다.

육아를 계기로 자아실현을 이룩한 여성도 있다. 아이를 낳은 것이 인생의 전환점이 되어 직업적으로도 큰 도약을 이룬 엄마들의 스토리를 어렵지 않게 찾아볼 수 있다. 자신의 경험을 바탕으로 육아 용품 사업을 성공적으로 이끈 사업가나, 더

×   서울연구원, [서울 워킹맘·워킹대디의 현주소], 2024.05.

풍부한 작품 세계를 구축한 예술가들도 있다. 나 역시 이런 성
공한 엄마의 서사를 좋아한다. 용기 있고 멋진 여성들의 이야
기를 일부러 찾아 읽기도 하고, 온 마음을 다해 응원한다. 그럼
에도 그런 스토리 안에 빠지지 않는 인내와 눈물, 절박함 같은
것을 볼 때면 자신감이 생기는 것이 아니라 반대로 용기를 잃
는다. 지금 나는 내 생활이 좋은데, 굳이 평화와 안정을 버리고
저렇게 애를 써야 할까?

  분명한 건 아이를 얻음으로써 무언가를 포기하게 된다는 것
이다. 덜 잃고, 덜 포기할 수는 있어도 무언가를 내려놓아야 한
다는 사실은 변하지 않는다. 나는 지금, 가진 것 중 몇 가지나
버려야 할까. 그 안에서 나를 얼마나 지켜낼 수 있을까?

+

"아이들과 함께하지 않으려 하고 모든 걱정거리로부터 해방되고
싶어하는 탐욕스러운 세대."

저출생 현상을 여러 차례 비판해 온 프란치스코 교황이 한 얘
기다. 그는 아기를 낳지 않으려는 건 이기적인 생각이라며, 아
기를 낳는 것은 삶을 힘들게 만드는 것이 아니라 풍부하게 만

들어준다고 말했다.*

　그의 말이 맞을지도 모른다. 한 생명을 창조하는 위대함에 비하면, 잃고 싶지 않은 나의 일상은 너무 사소해 보일지 모른다. 아이가 주는 크나큰 행복을 부정하는 것도 아니다. 구체적인 형태는 아직 알 수 없지만, 삶이 풍요로워질 것이란 말을 의심하지는 않는다. 그와 별개로 지금의 평화로운 일상이 완전히 뒤집힐 것은 분명하고, 이 부분에서 출산이라는 선택지는 덜 매력적으로 와닿을 뿐이다. 미처 모르는 행복을 위해 뛰어들기보단, 확실하고 잘 아는 현재의 행복을 지키고 싶다. 이 마음은 정말 이기적이고 탐욕스러운 것일까?

　부모가 된 누구나 자신의 아이를 행복한 사람으로 키우고 싶을 것이다. 가장 좋은 방법은 부모가 직접 행복한 삶의 모습을 보여주는 것이라 생각한다. 안타깝지만 아직은 나를 잃으면서도 행복해지는 방법은 알지 못한다. 엄마처럼 일과 육아를 모두 해내며 충분히 행복할 자신이 지금 내겐 없다.

　　×　경향신문, [프란치스코 교황 "아이는 선물 …짐으로 생각해서는 안 돼], 2015.02.

'좋은' 엄마의
자격

나이 드는 일의 좋은 점은 자신을 보다 더 잘 알게 된다는 것
이다. 30대가 되고 나서 나에 대한 이해가 깊어짐에 따라 좀
더 살기 편해진 부분이 있다. 가령 나와 맞지 않을 것 같은 사
람은 미리 피한다거나, 손이 가지 않을 옷을 사는 대신 오래
잘 입을 만한 옷을 고를 줄 알게 된 것이다. 이제는 억지로 남
들이 다 하는 것, 모두 좋아하는 것을 좇으며 헐떡이지 않는다.
대신 내가 진짜 좋아하고 몰입할 수 있는 것으로 시간을 채운
다. 그런데 나를 더 잘 알아갈수록 점점 분명해지는 것이, 나라
는 사람은 육아라는 일, 엄마라는 역할에 적합한 사람이 아니
라는 것이다.

육아 적합성 0%

통제 불가능한 상황을 좋아하지 않는다. 아이가 일상에 주는 기쁨을 설파하던 이들도 내 통제 성향을 알고 나면 출산을 다시 생각해 보라고 슬쩍 말을 바꾼다. 인생이 계획대로 되지 않는다는 것쯤에는 익숙해질 때도 됐는데 여전히 갑작스러운 회사 일 앞에서는 심장이 두근거리고, 계획이 어그러지는 상황에서는 화가 난다. 더 큰 문제는 내 통제 욕구가 나에게만 향하는 것이 아니라, 주변 사람에게까지 뻗친다는 것이다. 아이만큼은 내 마음대로 안 되는 게 기본값이라고 하던데, 그 불확실성을 내가 견뎌낼 수 있을까? 나의 불안감이 아이에게 고스란히 전달될 걸 생각하면 두려움은 더 커진다.

육아에서 가장 하지 말아야 할 것이 타인과의 비교라는데, 하필 내가 가장 못하는 게 바로 '비교하지 않기'다. 가뜩이나 경쟁이 심한 한국 사회에서 나는 수시로 남과 비교하며 살아왔다. 게다가 어렸을 때부터 친구가 가진 건 다 갖고 싶었고, 늘 이겨야 했다. 나만 못 해본 무언가는 용납이 되지 않았다. 이런 경쟁심이 내가 이뤄온 크고 작은 성취의 원동력이 되어준 것은 사실이나, 한편으론 행복하지 못했던 이유라는 것도 알고 있다. 입시와 취업 경쟁도 다 끝났다. 이제야 겨우 잠잠해진 비교하는 마음이 육아와 함께 다시 불타오를 것을 생각하면 아찔하다. 남들만큼 키워내야 한다는 생각, 평균 이상은 해야 한다는 압박 같은 것 말이다.

난 몸도 정신도 쉽게 지치는 인간이다. 이건 엄마 됨을 고민할 때 현실적으로 걱정되는 부분이다. 누가 봐도 에너자이저인 선배들이 육아 앞에서 나가 떨어지는 모습을 보면 엄두가 나질 않는다. 그야말로 잠과의 사투인 신생아를 돌보는 시기는 어찌저찌 버틴다 치자. 다양한 감각 자극이 필요한 유아기는 어쩌나. 아이를 키우는 지인들을 보면 주말이 어찌나 다채로운지 모른다. 키즈카페부터 놀이공원, 캠핑, 수영장…. 지금의 우리 부부가 상상할 수 없는 스케줄을 매주 소화하는 그들을 보면 고개가 저어진다. 정신적인 에너지도 마찬가지다. 아이는 내가 눈 감는 날까지 걱정해야 하는 존재다. 지금도 신경 쓸 문제가 너무 많아 골머리를 앓는다. 아무래도 아이를 품기엔 내 그릇이 작은 거 아닐까.

규칙적인 루틴, 그 속에서의 안정과 휴식이 절대적으로 중요한 내게 육아란 기질적으로 영 적합하지 않아 보인다.

행복은 돌봄에서 오지 않는다

공감 능력이 부족하고, 섬세하지도 않고, 상냥하게 말하는 법도 모르고… 나열하자면 끝도 없지만 내가 엄마에 적합하지 않다는 것을 느끼게 된 가장 큰 계기는 따로 있다. 반려견을 키우며 깨달은 게 있는데, 나는 누군가를 돌보는 일에서 큰 기쁨을 느끼지 못하는 사람이라는 것이다.

오해할까 봐 말하자면, 나는 우리 개를 세상 누구보다 사랑한다. 반려견과 함께 하는 일상의 행복은 너무나 크다. 토리를 껴안고 함께 낮잠을 잘 때, 언제나 나를 무조건 사랑해 주는 눈빛을 볼 때면 분명 말로 다할 수 없는 기쁨을 느낀다. 하지만 문제는 돌봄 행위 그 자체에 있다. 돌보는 일은 노동에 가깝다. 나의 경우 누군가를 돌보는 것에서 존재의 충만함을 느끼지 못하고, 오히려 소진된다. 요가를 하거나, 글을 쓰거나, 책을 읽으며 보내는 시간이 더 큰 기쁨을 준다.

그렇다고 토리에게 책임을 다하지 않는 건 아니다. 자타공인 '유난한 개 엄마'인 나는 최선을 다하는 중이다. 집에서는 절대 용변을 보지 않는 개를 위해 하루 네 번 산책을 간다. 비가 와도, 눈이 와도 예외는 없다. 토리에게 들어가는 돈은 결코 아끼지 않는다. 재택근무가 가능한 회사로 이직한 것도 토리를 혼자 집에 두고 싶지 않다는 이유에서였다. 그럼에도 토리를 위한 이 모든 일이 항상 좋지만은 않다. 잘하는 것과 좋아하는 건 다르다. 가끔은 버겁고, 종종 자유롭지 못하다는 생각이 찾아든다. 매일의 돌봄을 성실히 수행할 수 있는 원동력은 자잘한 행복감보단 무거운 책임감에서 온다.

종종 토리가 무지개별로 떠나는 것을 상상한다. 생각만으로도 눈물이 차오른다. 처음으로 겪는 큰 이별일 것이고, 엄청난 상실감으로 오랜 시간 고통스러울 것이다. 한편으로는 토리가 떠난 이후, 돌봄에서 해방된 40대의 모습이 기대되기도 한다. 토리 생의 마지막 순간까지 지금처럼 최선을 다하고, 잘 보내주고 나면 자유가 찾아오겠지. 한 켠엔 토리에 대한 그리움이 늘 자리하겠지만 다시 나에게 집중할 수 있을 것이다. 처음엔 이런 생각에 죄책감을 느꼈지만 이제는 받아들일 수 있다. 타인을 돌보며 그 안에서 진정한 자기를 발견하는 사람들이 있다면, 나 같은 사람도 있다고 믿는다.

누군가는 나에게, 토리가 개라서 그런 거라고 말할지도 모른다. 내가 낳은 자식은 다를 거라고 말한다. 생물학적인 엄마가 되면 힘든 것도 못 느낄까? 글쎄, 아직 잘 모르겠다. 아이는 개보다 훨씬 더 많은 돌봄을 필요로 한다. 적어도 6~7년 동안은 아주 잠깐이라도 혼자 둬서는 안 된다. 일어날 수 있는 변

낳을까 말까

수는 훨씬 더 많고 희생의 강도도 비교할 수 없다. 물론 토리에게 그랬듯 아이를 엄청나게 사랑하고, 온 에너지를 다해 돌볼 것이다. 그 안에 지금의 나는 미처 알 수 없는 기쁨이 있으리란 것도 짐작할 수 있다.

진짜로 엄마가 되면 나의 타고난 성격이 조금은 둥글어질지도 모른다. 그렇다고 해서 육아가 나의 천직일 거란 생각은 들지 않는다.

엄마도 후회할 수 있다!

검색 창에 '딩크'를 치면 연관검색어 상위에 뜨는 단어가 '후회'다. 반면, '아기' '자녀' '출산'을 검색해 보면 '후회'는 등장하지 않는다. '출산 후회' 대신, '출산 후 회복'만 나올 뿐이다. 정말로 아이 없는 인생은 나중에 후회할 선택이고, 아이 있는 인생은 기쁨뿐일까?

엄마로 사는 것의 어려움에는 대개 동의하는 분위기다. 하지만 후회할 수 있는 일이라고는 감히 생각하지 않는 것 같다. 나 역시 마찬가지였다. 『엄마됨을 후회함』은 다소 파격적인 제목 때문인지 개정판까지도 절판되어 중고로 겨우 구할 수 있었다. 이스라엘인 저자 오나 도나스는 우리 사회에서 금기시되어온 '엄마의 후회'라는 감정을 파헤치고자 어렵게 인터뷰이를 모았다. 용기 있게 인터뷰에 응한 여성들은 출산한 지 얼마 안 된 사람부터, 자녀가 세 명 이상인 사람, 심지어 손주가 있는 할머니까지 매우 다양했다.

누구에게도 쉽게 꺼낼 수 없었던 엄마로서의 후회를 내보이며 인터뷰이들은 생애 처음으로 후련함을 느끼기도 하고, 아이들이 이 글을 읽고 상처를 받으면 어쩌나 걱정하기도 했다. 많은 응답자가 자신의 후회가 아이들의 탄생을 부정하는 것은 아니라고, 여전히 아이들을 사랑한다는 것을 거듭 강조했다. 누구보다 엄마로서의 책임을 성실히 다해온 여성도 있었다. 엄마로 살아오면서 장점도 많았다는 것을 솔직히 인정하기도 했다. 엄마라는 역할 덕분에 사회에서 주류 구성원으로 받아들여졌고, 아이를 키우는 시간을 통해 포용력이 넓어졌으며, 아이가 주는 사랑을 받고 더 나은 인간이 되었다고 답하기도 했다.

그러한 장점에도 불구하고 '후회한다'는 대답에는 변함이 없었다. 죽는 날까지 끝나지 않는 책임에 대한 압박, 양립할 수 없는 가정과 커리어 사이의 갈등, 일상생활에서 많은 부분을 포기해야만 하는 것, 뒤늦게 출산이 원하지 않는 선택이었음을 자각했기 때문에…. 이유는 다양했지만 우리가 흔히 아는 엄마로 사는 것의 어려움과 크게 다르지 않았다. 엄마가 되는 일이 어떤 이들에겐 당연한 기쁨이자 축복이지만, 같은 선택을 두고 시간을 돌리고 싶을 정도로 버거워하는 여성들도 이 세상에 분명 있다는 것을 알게 되었다.

여전히 '엄마'와 '후회'란 단어는 함께 있으면 안 될 것 같은 불경한 느낌을 준다. 여성의 진정한 행복은 출산과 양육을 통해서 완성된다는 전통적인 시각이 아직 우리를 지배하기 때문일 것이다. 그렇지만 조금씩 다른 논의도 피어나고 있다. 요즘 엄마들은 온라인 커뮤니티를 중심으로 양육의 어려움과 육아에서 보람을 느끼지 못하는 고통에 대해 솔직히 공유한다. '시간을 돌릴 수 있다면 아이를 낳지 않을 것 같다' '아이를 낳지 않는 사람들이 현명하다' 와 같은 의견을 나누기도 한다. '후회'라는 단어가 직접적으로 등장하기도 한다.

엄마도 후회할 수 있다는 개념은 출산이라는, 실행 취소를 누를 수 없는 '낳을까'라는 고민을 더욱 망설이게 한다.

모성이라는 환상, 그럼에도

혹시 좋은 엄마에 대한 너무 높은 기준을 갖고 있는 걸까? 좋은 엄마가 될 리 없다는 고민을 털어 놓으면, 이것 역시 나의 완벽주의적 성향이라며 애쓸 필요 없다고들 한다. 그리고 그 상황이 닥치면 어떻게든 다 할 수 있다고 말한다.

마치 여성의 본성처럼 여겨지는 모성이 하나의 사회적 이데 올로기이며, 선천적인 것이 아니라는 사실은 이제 널리 알려져 있다. 『모성애의 발명』에 따르면 '모성'은 근대 산업 사회의 부산물이다. 산업화로 인해 가족은 노동 및 경제 공동체로서의 기능을 상실한다. 농민이나 가내 수공업자로 다 함께 집에서 일했던 이전과 달리 남성은 밖에서 일하고, 여성은 보이지 않는 존재로 집에 남는다. 산업 사회의 성공적인 안착을 위해 남성과 여성 사이의 새로운 노동 분업은 필연이 된다. 이로써 여성에게는 '모성'이라는 새로운 본성이 부여된다.'

모성이라는 개념이 만들어진 지 오래되지 않은, 어쩌면 한낱 환상에 불과하다는 사실은 분명 위안을 준다. 하지만 그것도 잠시뿐이다. 세상은 계속해서 '좋은 엄마'의 중요성을 강조하고, 이상적인 모성의 본보기와 나쁜 모성의 사례를 끊임없이 대조해서 보여준다. 여전히 엄마들은 완전 무결한 모성이

✕ 64~65p, 엘리자베트 벡 게른스하임, 이재원 옮김, 『모성애의 발명』, 알마, 2014년

낳을까 말까

라는 이상에 자신을 비추고 허우적댄다.

내게도 이상적인 엄마로서의 장점이 없는 건 아니다. 나는 규칙적이며 성실한 사람이다. 늘 같은 시간에 일어나고 자고, 생활 리듬을 중요하게 여긴다. 아이의 정서적 안정에 꽤 중요한 일관적인 생활 환경을 제공할 자신이 있다. 기질이 나와 잘 맞는 아이라면 아이에게 안정감을 줄 수 있을 것이다. 반려견을 키우며 알게 된 것처럼, 책임감 하나는 정말 강하니 아이를 방치하거나 학대할 일은 결코 없을 것이다. 어떻게든 노력해서 아이에게 가장 좋은 것을 주려고 애쓸 것이다.

그런데 그 안에서 행복할 수 있을까? 내 존재는 충만한 만족을 느낄 수 있을까?

나처럼 예민하고 통제 본능이 강한 친구와 대화를 나누던 일이 떠오른다. 출산을 앞두고 있던 그녀는 자신의 뾰족하고 날카로운 성격 때문에 육아를 잘 할 수 있을지 걱정하고 있었고, 나 역시 같은 이유로 임신이 망설여진다고 했다. 나보다 먼저 생각 정리를 마친 친구가 말했다.

> "우리처럼 별난 여자들은 인생의 순간마다 충분히 고민을 하잖아. 이것만으로도 훌륭한 부모가 될 자격이 있는 게 아닐까."

'좋은 엄마가 되려고 애쓸 필요 없어' '넌 이미 충분해' 같은 흔한 말보다, 친구의 이 말이 나에겐 훨씬 와닿았다. 정말로 이렇게 고민을 거듭하는 이들이야말로 부모 될 자격이 있는 건 아닐까. 여전히 엄마가 된 나를 상상하면 자신감보단 우려가 앞서긴 하지만 말이다.

+

모두에게 육아가 천직일 수는 없다. 최소 20년을 바라보고 가야 하는 여정인 만큼 내가 적합한 여행자인지 따져보는 것은 당연하다. 그저 용기가 부족한 겁쟁이인 걸지도 모르지만, 아마 나는 육아가 아주 적성에 맞는 사람은 아닐 것이다. 이제 스스로 그 정도의 판단은 된다.

이렇게 안 맞을 게 뻔한데 그냥 아이 없이 살아도 좋지 않을까? 아니, 이런 나도 아이를 낳아서 잘 키울 수 있긴 한 걸까?

여전히 딩크는
소수라서

출생률이 계속 낮아지고 있다는데 주위를 둘러보면 우리 빼고는 모두 아이를 갖는 것 같다. 스물여덟, 또래 중 가장 이른 나이에 결혼했던 나는 이제는 아이 둘의 부모가 된 친구들 사이에서 뒤늦은 아이 고민을 하는 처지가 됐다. 마지막까지 무자녀로 남아줄 것만 같았던 지인들의 SNS에 초음파 사진이 올라올 때면 축하하는 마음 뒤로 괜히 불안해진다.

나중에 결국 우리 부부만 외딴섬이 되면 어떡하지? 이제라도 낳아야 하나? 아니, 이미 늦은 걸까?

여전히 딩크는 보이지 않지만

통계청이 발표한 〈신혼부부 통계 결과(2022년)〉에 따르면 혼인 신고를 한 5년 이내 신혼부부 중 맞벌이를 하면서 아이가 없는 '딩크족'은 28.7%로 집계됐다. 3명 중 1명이 딩크라니 저출생이 실감되긴 하지만, 한편으론 여전히 절반이 넘는 부부가 5년 이내에 출산을 선택한다는 얘기이기도 하다.

결혼은 했지만 자녀가 없는 부부는 어딘가 애매한 존재다. 종종 이런 처지가 외롭기도 하다. 어쩌면 아이 키우기에 최적화된 경기도 1기 신도시에 살고 있기 때문인지도 모른다. 서울이라면 좀 달랐겠지만, 4인 핵가족을 상정하고 만든 계획 도시 안에서 난 유독 별난 존재처럼 느껴진다. 아파트 단지에서 마주치는 또래 여성은 체감상 90% 이상이 아이 엄마다. 삼삼오오 어린이집이나 놀이터 앞에 모여 대화하는 그녀들을 바라볼 때, 기분은 좀 이상하다. 어쩌면 저기가 내 자리가 아닌가 싶은 생각이 든다. 반면 개를 산책시키는 사람들은 나이가 지긋한 이들이 대부분이다. 아이 없이 매일 부지런히 개와 걷는 30대 중반 여성은 나뿐인 듯하다.

유자녀 부부에겐 자연스럽게 아이를 중심으로 한 커뮤니티가 생기기 마련이다. 아이의 친구, 학교, 학원 등… 아이가 없는

낳을까 말까

나는 어디에서 동네 친구를 만들 수 있을까? 서울까지 가지 않는 이상, 동네에서 취미나 관심사를 매개로 한 모임을 찾기란 쉽지 않다. 반려견 운동장에서 만나는 견주들을 제외하면 '딩크'라는 정체성으로 지역사회에 어우러질 수 있을, 자연스러운 방법이 떠오르지 않는다. 나이가 더 들면 교회나 성당에라도 나가야 하는 건 아닐까 진지하게 고민하곤 한다.

> "아이를 안 낳을 거면 결혼을 왜 해? 혼자 살거나 동거하면 되는데."

온라인에서 딩크냐, 출산이냐에 대한 공방이 벌어질 때면 빠지지 않는 얘기다. 이 말은 마치, 수영을 안 할 거면 왜 바닷가에 가냐는 말과 똑같이 들린다. 모두가 수영을 하러 바다에 가는 건 아니다. 탁 트인 바다를 바라보며, 파도소리를 들으며 쉴 수도 있는 것 아닌가? 모래 위를 맨발로 걷거나 발만 물에 살짝 담근 채로도 충분히 즐길 수 있다. 바다가 곧 수영이 아니듯, 결혼과 출산은 다른 개념이다. 하지만 결혼과 출산을 한 묶음으로 여기는 낡은 고정관념을 마주할 때마다 난감해진다. 동반자와 법의 테두리 안에서 가족으로 산다는 건 아이가 없어도 꽤 괜찮은 일이 될 수 있는데 말이다.

자발적으로 자녀 없는 삶을 선택하는 이들이 많아졌지만 결혼의 완성이 곧 자녀라는 생각은 여전히 지배적이다. 아무리 그 숫자가 늘어났다고 해도, 무자녀 부부는 아직 마이너리티라는 생각을 지울 수 없는 이유다. 평생 소수로 살 수 있을까 생각할 때면, '하나 정도는 낳아야 하나?'로 기우는 마음을 발견한다. 우리 사회가 정한 길에서 벗어나 비주류로 산다는 것은 많은 어려움이 따르는 일이니까.

출산 권유하는 사회

자녀 없는 기혼 여성으로 사는 일은 확실히 만만하지 않다. 매년 한 살씩 나이를 먹을수록 점점 높아져 가는 난이도를 실감한다. 30대 중반이 되자 생판 모르는 타인마저 불쑥 출산을 권유하기 시작했다. 이제 사람들 눈에는 내가 더 늦기 전에 아이를 낳아야만 할 나이로 보이는 모양이다.

얼마 전 어깨 통증으로 방문한 한의원의 원장은 내게 결혼은 했는지, 아이는 있는지 물으며 불쑥 호구 조사를 시작했다. 결혼은 했지만 아이는 없고, 반려견과 산다고 답하자 예상치 못한 답변이 훅 들어왔다. "서른다섯 전에 초산을 해야 해요. 아이는 꼭 낳으세요. 엄마가 된다는 건 꼭 경험해야 할 일

낳을까 말까

이에요." 비슷한 시기에 택시를 타자, 기사는 대뜸 이런 말을 건넸다. "아이 없는 친구가 젊을 땐 남 부럽지 않게 잘 살다가 50대가 되니 맞바람을 핀다"며, "부부 관계는 아이 없이 지속될 수 없다"는 말과 함께 무자녀 부부의 미래를 불운하게 점치기까지 했다. 예전이라면 "전 안 낳고 싶은데요?" "키워주실 것도 아닌데 왜 참견이세요?" 하고 따져 물었을 거다. 이젠 "네, 잘 생각해 볼게요" 정도로 둘러댄다. 관심과 친절의 가면을 쓴, 경계를 넘는 말들을 자주 듣다 보니 적당히 넘어갈 줄 알게 된 것이다.

주위의 오지랖은 대놓고 아이를 낳으라는 것에서 그치지 않는다. 언제부턴가 부쩍 많은 이들이 내게 난자를 얼리라고 권유한다. 특히 내가 낳을까, 말까를 고민하는 중임을 알게 된 지인들은 하루라도 젊고, 건강할 때 난자를 채취하라며 성화다. 이유는 알 수 없지만 당사자인 나보다 마음이 더 급해 보인다.

출산을 고민하는 입장에서 나이는 큰 걸림돌 중 하나다. 시간을 조금 더 내 것으로 만들 수 있다는 점에서 난자 냉동은 미래를 위한 현명한 선택지로 보인다. 혹하는 마음에 찾아봤더니, 난자를 얼리는 일이 말처럼 쉬운 일은 아니라는 걸 알게 되었다. 과배란 주사로 인한 호르몬 부작용 사례도 드물지 않고,* 비용도 회당 250만 원에서 500만 원 선으로 꽤 부담스러웠다. 맛집 추천하듯 가볍게 권하기엔, 일상과 신체에 당장 닥칠 불편함을 감수해야 하는 일이었다. 아이를 원하는 간절한 마음이 있지 않고서야 미래를 대비하는 보험으로 무작정 선택할 대안은 아닌 것 같았다.

『엄마가 아니어도 괜찮아』를 쓴 이수희는 매체와의 인터뷰에서 비슷한 경험을 털어놓았다. 회사 업무상 처음 만나는 자리에서 "아이가 없다"는 그녀의 말에 거래처 대표가 "요즘에는 42세까지 시험관 시술할 수 있대요"라는 말을 건넸다고 한다.** 기사를 읽자마자 먼저 든 생각은 '앞으로 10년은 더 넘게 이런 오지랖을 듣겠구나'였다. 15년, 20년이 지나 가임기를 벗어나면 비로소 이 압박에서 자유로워질까? 글쎄, 출산 강요는 어렵겠지만 또 다른 낙인이 찍히지 않을까. 아이를 낳지 않는 부부에 대해 섣불리 '불임일 거야'라며 지레짐작하는 선입견 역시 흔하기 때문이다. 가임기가 끝나도 결국 실패한 사람, 아이가 주는 행복을 모르는 가엾은 사람으로 비칠지도 모르겠다.

✕ 시사IN, [난자를 얼리시겠다고요? 그 전에 알아둬야 할 것들], 2024.01.
✕✕ BBC 코리아, [아이를 낳든, 낳지 않든, 당신의 선택이라면 가치 있어요], 2019.02.

낳을까 말까

나와 다름을 인정하지 않는 사회

다정한 배려든, 강도 높은 압박이든 간에 우리 사회는 다양한 방법으로 여성에게 출산을 권하고 있다. 문제는 내가 이런 것에 흔들리지 않을 만큼 단단하지 못하다는 데 있다. 정상성에서 벗어나는 건 많은 용기가 필요한 일인데, 여태껏 한번도 그렇게 살아본 적이 없기 때문이다.

여느 평범한 한국인이 그렇듯, 나 역시 사회가 요구하는 모범적인 길을 따라가고자 노력해 왔다. 나이마다 이뤄야 하는 과제들이 주어졌다. 입시, 취업, 결혼, 내 집 마련에 이르는 일련의 '숙제'들을 꽤 성실히 수행했고, 또래보다 빠르게 잘 끝마쳤다. 딱 하나, 내가 처음으로 하지 않으리라 다짐한 숙제가 바로 임신, 출산, 육아다. 엄마로 산다는 건 내 선택지에 없던 일이었다. 그런데 살아온 관성은 못 버리는 걸까. 30대가 되어 갑자기 '숙제 마감 기한'이 다가온다고 생각하니 조급해진다. 몇 년 전까지만 해도 웃어 넘기고 말았던 타인의 오지랖에 흔들리는 나를 발견한다. 정말 아이를 안 낳아도 되는 것일까? 이렇게나 다들 낳으라고 하는데? 많은 이들이 선택한 길에는 이유가 있지 않을까?

한국 사회는 다양한 삶의 방식을 받아들이는 데 서툴다. 한국은 실제로 다양성 포용도가 가장 낮은 나라 중 하나로 조사됐다.* 다양성 포용도는 주로 문화, 종교, 정치 등 굵직한 영역을 중심으로 논의되는 개념이나, 나와 다름을 인정하지 않는 태도의 민낯은 사소한 일상에서 더욱 극명하게 나타난다고 생각한다. 그 나이에 걸어야 할 '정도'에서 조금만 벗어나도 따가운 시선을 받는다. 학교를 자퇴한 학생, 대학에 진학하지 않은 20대, 결혼을 제 나이에 하지 않은 이들에게 가해지는 부정적인 인식이 그 예다.

나 역시 자녀가 없다는 이유만으로 어딘가 결여된, 미숙한 사람 취급을 받을 때가 있다. 이는 결혼 적령기를 지난 미혼 여성에게 오랫동안 해온 '노처녀 히스테리' 조롱과 유사하다. 통과의례를 겪지 않은 사람을, 결함이 있거나 철이 없다는 식으로 바라보는 태도다. 출산과 육아 경험이 없다는 이유만으로 나를 '인생 후배'처럼 여기는 일도 흔하다.

"둘이 살면 편하고 좋지, 그때가 그립다."
"아이가 생기고 나서야, 비로소 진짜 부부가 된 느낌이야."

× 서울경제, [한국, '다양성 포용도'…27개국 중 26위], 2018.04.

낳을까 말까

이런 말을 들을 때면 갸우뚱해진다. 결혼 3년 차에 아이를 가진 부부가 8년째 둘이 사는 우리 부부의 관계를 다 알 수 있을까? 그들이 아는 건 아이 없이 사는 단 3년차까지의 삶일 뿐이다. 아이 없는 부부라고 해서 매년 똑같이 산다고 기대하면 오산이다. 함께하는 시간이 더해지며 관계가 성숙해지고, 이전과는 다른 국면에 접어들 수도 있다. 임신, 출산, 육아가 인생의 완전히 새로운 전환점이라는 사실에는 이견이 없다. 그렇다면 그것을 경험하지 않은 사람들에게도 타인이 다 알 수 없는 다른 삶의 모습이 있음을 존중해야 하는 게 아닐까?

안타깝게도 우리 사회엔 그런 여지를 남겨두지 않는 사람들이 더 많은 것 같다. 게다가 아이 한 명을 낳는다고 해서 사회의 압박은 순순히 끝나지 않는다.

"둘째는 낳지 않기로 양가에 선언했어. 인생 숙제는 첫째까지야."

언젠가 전 직장 상사가 결연한 표정으로 했던 말이다. 첫째를 낳고 나면 '둘째는 언제 낳냐'며 곧장 또 다른 숙제가 따라온다. 상사는 고민 끝에 외동으로 키우겠다는 힘든 결심을 내릴 수 있었다고 한다. 대입, 취업, 결혼 그리고 출산까지 이어지는 한국 사회의 압박은 엄마, 아빠 그리고 두 아이로 구성된

이른바 '정상 가족'을 꾸릴 때까지 계속된다. 그때부터는 다시 자녀를 주인공으로 한 새로운 레이스가 시작된다. 자녀의 대입, 취업, 결혼, 출산….

몇 년 전부터 한국에서 1인 가구는 가장 많은 비율을 차지하고 있다. '정상 가족'에 해당하는 4인 가구는 2023년을 기준으로 13%에 불과하다. 변화하는 삶의 방식에 따라 앞으로 그 비중은 줄어들 것으로 보인다.* 이제 '정상 가족'은 실재하지 않는 환상에 가깝다. 그러나 여전히 그 이미지는 많은 사람들을 강력하게 붙잡고 있는 듯하다.

딩크 선배들은 어디에 있나요

꾸준히 '정상 가족' 이미지를 재생산해 온 미디어도 최근 변화의 조짐이 보인다. 최근에서야 입양 가족, 한부모 가족, 미성년 부부, 퀴어 가족 등 다양한 가족의 형태가 다뤄지고 있지만, 그중에서도 자녀가 없는 부부의 모습은 쉽게 찾아보기 어렵다. 그마저도 대개 자녀 계획이 있는 신혼부부거나, 난임 치료를

✕ 통계청, [인구총조사], 2023

낳을까 말까

받는 등 출산을 염두에 둔 이미지가 더 흔하다.

아이 없이 살겠다는 확고한 결정이 망설여지는 이유 중 하나는 보고 따를 역할 모델이 없기 때문이다. 지금이야 둘이 사는 것이 부족함이 없고 좋은데 나이가 들어서도 여전히 그럴 수 있을까. 나보다 먼저 인생을 경험한 이들을 붙잡고 물어보고 싶지만 미디어에도, 현실 세계에도 그 경우의 수는 많지 않다. 그러다가 〈인간극장〉에서 60년째 자발적 무자녀로 살고 있는 안일웅, 한소자 씨의 이야기를 접했다.* 두 사람을 보고 나서야 나는, 부부 둘이 사는 노년의 모습을 구체적으로 그릴 수 있게 됐다.

작곡가인 안 씨와 시인 한 씨는 대학 시절 만난 동갑내기 부부다. 한 인격체를 키우는 노력을 예술에 쏟자고, 남편 안 씨가 자녀 없는 삶을 먼저 제안했다. 당시로선 파격적인 결정에 양가 부모님의 극심한 반대가 있었지만 신념을 굽히지 않았다고 한다. 부부의 모습은 그 나이대 일반적인 어르신들의 모습과는 사뭇 다르다. 남편은 매일 아침 아내를 위해 샌드위치와 직접 내린 커피를 준비한다. 함께 나란히 앉아 식사를 한 뒤, 남편은 작곡을 하러 동네 피아노 학원에 가고, 아내는 서점에서

× KBS 1TV, 〈인간극장〉, 2014년 9월 방송

책을 고른다. 아내가 준비한 점심 식사를 마친 후, 함께 집을 청소하고 나란히 누워 낮잠을 잔다. 부부는 서로의 시와 음악에 영감을 주는 파트너이기도 하다. 견해가 다를 때면 말다툼을 하기도 하지만, 언제 그랬냐는 듯 다시 가장 친한 친구 사이로 돌아온다.

고정된 성 역할이 느껴지지 않는 건 물론, 긴 세월 차곡차곡 쌓아왔을, 서로를 향한 신뢰가 담긴 미소는 너무나 신선했다. 자녀가 부부 생활의 전부인 것처럼 말하는 사회 통념이 무색하게 느껴진다. 그들은 아이 없이도 서로의 삶을 서로로 잘 채우고 있었다.

두 사람은 내가 그토록 궁금했던 무자녀 부부의 역할 모델이었다. 만약 안일웅, 한소자 부부의 이야기가 이렇게까지 특별하지 않은 사례였다면 어땠을까. 자녀가 없는 사람들의 이야기도 많이 알려졌다면, 결혼을 하지 않은 사람이나 이혼한 사람에 대한 비뚤어진 시각이 없었다면, 그런 다양성에 어릴 때부터 노출되었더라면 어땠을까. 그랬다면 나는 낳을까, 말까라는 고민 앞에서 어떤 선택을 내렸을까. 지금처럼 여전히 머리를 싸매고 있을 수도 있겠지만, 적어도 정상 범주를 벗어나는 두려움이 영향을 주진 않았으리라. 그보단 어떤 삶을 진정으로 바라는지에 더 집중해 선택을 내릴 수 있지 않았을까.

정말로 아이를 원하는가

종종 헷갈린다. 30대 초반이 되어 처음 품게 된 '낳을까?'란 마음이 나의 진짜 욕망인지, 혹은 보이지 않는 사회의 강요에 휩쓸린 것인지 말이다.

어떤 한 가지 선택만 정상이라 여겨지는 사회에서 개인의 진짜 욕망은 제대로 발현되지 않을 가능성이 높다. 진짜로 원하는 것을 무의식 아래로 숨기거나, 은근슬쩍 사회의 기대에 맞게 겉모습을 바꾸기 마련이다. '아이를 왜 낳았어?'보다, '왜 아이를 안 낳는 거야?'라는 질문이 더 익숙하고 흔하다. 아이를 낳는 사람에게는 묻지 않지만, 아이를 낳지 않는 사람들에겐 이유를 따져 묻는 사회에서는 애초에 아이 있는 삶에 대한 충분한 고민이 어렵다.

저출생이 나라의 제1 관심사인 지금, 아이를 낳은 사람에게는 '애국자'라는 칭찬까지 주어진다. 아마 누군가는 국가적 위기 앞에 출산에 대한 더 많은 압박이 필요하다고 생각할지 모르겠다. 하지만 가임기 여성인 내 생각은 다르다. 사회의 강요와 압박에 의해 원치 않는 선택을 내린 사람의 삶의 만족도가 높을 리 없다. 무엇보다 다양성이 존중되지 않는 사회에서 태어난 아이가 행복하게 자랄 수 있을지 의문이다.

아이를 낳고, 기르기 좋은 세상은 다양성이 얼마나 존중받느냐와 맞닿아 있다고 생각한다. 인생에서 어떤 선택을 하더라도 지지할 수 있고 주류에서 벗어나는 것이 두렵지 않은 사회, 각자의 고유성이 존중받는 사회 분위기 속에서 아이들은 더 행복하게 자랄 것이다.

　그런 세상이 되면 개개인은 더 건강한 마음으로 부모 되기를 결정할 수 있지 않을까.

낳을까 말까

3장

그럼에도 흔들리는 순간들

주입된 꿈과 숨겨진 무의식 사이,
내가 진짜 원하는 건 뭘까

다른 교육이
가능하다면

SNS를 둘러보던 어느 날, 알고리즘이 '발도르프 교육'으로 이끌었다. 빈티지한 색감의 털실, 손바느질로 만든 인형, 원목 장난감, 빛이 퍼지는 듯한 모양의 추상적인 수채화. 이름도 어려운 발도르프 교육을 검색하면 나오는 이미지들은 세련되기보단 투박했다. 그러나 나는 독일에서 시작됐다는 이 낯선 교육에 홀린 듯 빠져들었다.

요즘 유행하는 최신식 육아용품과는 영 딴판인, 아날로그적인 발도르프 교구엔 생소한 매력이 있었다. 나무, 패브릭 등 자연 소재를 사용하고, 아이들의 상상력을 자극하기 위해 추상적이지만 단순한 디자인으로 제작된다. 발도르프식으로 꾸며

실용적이고 예술적인 교육을 중시하는 발도르프 학교의 모습.

진 놀이방엔 은은하게 빛을 투과시키는 붉은색 커튼이 돋보였는데, 엄마의 자궁을 연상시켜 정서적 안정을 주기 위한 장치라고 했다. 발도르프 초등학교에 입학하면 일반 학교에서 배우는 언어, 수학뿐 아니라 농사나 집짓기, 연극, 수공예 등 일상과 맞닿아 있는 실용적이며 예술적인 교육을 받는다. 교육의 내용도 내용이었지만, 무엇보다 이런 교육을 선택한 부모들에게서 느껴지는 신중함과 자부심이 인상적이었다.

남달라 보이는 이 교육 철학에서 제일 놀랐던 대목은, 초등학교 입학 전까지 문자를 가르치지 않는다는 것이었다. 언어가 자유로운 사고를 제한한다는 이유에서다. 부모라면 누구나

남을까 말까

한 번쯤 영어유치원을 고민하는 요즘 시대에 한글도 미리 가르치지 않는다니. 한글을 일찍 깨우친 편이었고, 엄마에게서 그걸 평생 자랑거리로 들어온 나였기에 이런 교육은 더 신선한 충격으로 다가왔다.

12년간 죽도록 앉아서 공부하고, 외우고 시험을 보고, 또 직장에 들어가 쳇바퀴 도는 하루를 보낸다. 태어나면 어차피 나처럼 살 텐데, 하는 생각에 한국에서 아이를 낳을 생각이 없었다. 성실히 살아온 것이 행복을 보장해 주지 않는 사회라면 미래의 아이에게 이런 과정을 또 겪게 하고 싶지 않았다. 당연히 이런 대안 교육의 세계에 관심을 가진 적도 없다. 그런데 만약 나와 다르게 자랄 수 있다면?

'다른 교육'은 새로운 가능성의 틈을 열어주었다.

'다른 삶'을 꿈꿨던 시간

처음 대안학교에 대해 알게 된 건 약 30년 전 초등학교 저학년 때, 방송을 통해서다. 최초로 교육부 인가를 받은 혁신적인 자유학교가 막 생겨나던 시기였다. TV에서 본 지리산 자락에 위치한 학교는 내가 다니던 학교의 모습과 많이 달랐다. 학교라기보단 시골 마을회관 같았다. 그곳 언니, 오빠들은 교복을 입지 않았다. 스스로 공부할 과목을 선택하고, 함께 농작물을 길렀다. 자유롭게 손을 들고 질문하던 초롱초롱한 눈빛이 아직도 선명하다. 다른 교육의 꿈을 실현하기 위해 대안학교를 선택한 교사들의 표정에도 사명감이 서려 있었다. 고압적인 선생님이 아닌, 학생들과 함께 의논하고 결정하는 평등한 구성원 같았다. 아무것도 모르는 어린 나이였지만 저런 교육이 진짜라는 느낌은 분명했다. 그 학교에 다니고 싶었다. 아빠의 도움을 받아 학교장에게 짧은 이메일을 보냈고, 언젠가 꼭 보자는 답신을 받았다.

초등학교를 졸업할 무렵 대안학교의 기억은 이내 희미해져 있었다. 다른 친구들처럼 집에서 가장 가까운 중학교에 진학했다. 곧 전국에 외국어고등학교 붐이 일었다. 엄마의 권유로 이른바 스파르타식 영어학원에 다니며 입시를 준비했다. 부푼 마음으로 고등학교에 입학했다. 하지만 당시 외국어고등학교는 글로벌 시대에 걸맞은 인재를 길러낸다는 원래 목적을 잃은지 오래였다. 교과 과정을 대입에 유리하게 운영하고, 야간은 물론 새벽 자율학습마저 의무인 '입시사관학교'나 다름 없었다. 한때 다른 삶을 꿈꿨던 어린이는 한국의 전형적인 교육을 받고 자라, 그저 평범한 어른이 됐다.

남을까 말까

알고 있었다. 어쩌면 선택할 수도 있었던 다른 교육 환경이 존재한다는 것을 말이다. 몇 점 차이로 행복과 불행을 가르지 않는 교육, 시험 답안을 외우는 데 온 시간을 할애하는 것이 아닌 무엇을 좋아하고 잘할 수 있는지 찾는 교육, 평생의 기초 체력을 충실히 쌓는 교육, 운동과 음악, 미술의 즐거움을 배울 수 있는 교육 말이다. 성인이 되어서도 이 아쉬움은 채워지지 않는 갈증으로 남아 있다.

우연히 알게 된 발도르프 교육이 마음을 사로잡은 건, 어쩌면 내 것이 될 수도 있었을 삶에 대한 동경 때문이었을 것이다.

장점만 있는 건 아니지만

대안 교육에 대한 긍정적인 감정은 가보지 않은 길에 대한 막연한 이상일지도 모른다. 대안 교육에도 장점만 있는 건 아니다. 현실적인 여러 제약이 따르는데, 일단 비용이 일반 학교에 비하면 비싼 편이다. 인가 유무에 따라 다르지만 정부지원이 제한적이기 때문이다. 또, 많은 경우 부모의 적극적인 참여를 요구한다. 교사, 학부모, 학생이 함께 의사 결정을 내리는 민주적인 공동체를 표방하고, 학생 개개인의 특성에 맞춘 맞춤형

교육을 위해 학교와 자주 소통해야 해서다. 바로 집 앞에 있는 학교가 아니기에 픽드랍에 많은 시간이 소요되기도 한다. 현실적으로 일반적인 회사에 다니는 맞벌이 부부가 커리어를 유지하면서 아이를 대안학교에 보내긴 어려워 보였다. 열린 교육을 추구하는 대안 교육이 아이러니하게도 모두에게 열려 있지 않은 셈이다.

대체로 규모가 작다는 것 역시 단점으로 여겨진다. 가령 어떤 대안학교에서는 1학년 때부터 6학년 때까지 담임 교사 한 명이 아이를 계속 맡기도 한다. 만약 그 교사와 아이의 성향이 잘 맞지 않는 경우 문제가 복잡해지겠다는 생각이 잠시 들었다. 비교적 폐쇄적인 공동체이다 보니 사소한 갈등도 심각하게 번지고, 오래 지속될 우려가 있다.

대안교육에 대한 부정적인 시선도 무시할 수 없다. 문제가 있는 아이들이 가는 곳이라는 인식이 남아 있기 때문이다.

"남들처럼 집 근처 학교에 평범하게 다니는 게 아이에겐 가장 좋을 수도 있지 않을까?"

배우자는 대안 교육에 대한 내 예찬을 듣자마자 손사래를 쳤다. 안정성을 가장 중시하고, 남들 하는 대로 무탈하게 살아온, 자기 인생에 나름 만족하는 그는 생각이 달랐다. 그의 말처럼 이런 대안 교육이 무조건 내 아이에게 좋으리라는 보장이 없다. 아이가 이런 대안 교육 환경에서 만족감을 느낄지, 혹은 남과 다른 길을 가는 것에 소외감을 느낄지는 알 수 없는 일이다. 어쩌면 경쟁적인 환경에서 자기 실력을 더 발휘하는 아이일 수도 있다. 일반적인 교육의 한계는 경험해 봐서 잘 알고 있다. 그러나 내가 가보지 않은 길에 어떤 예기치 못한 단점이 있을지는 모를 일이다.

행복의 노하우

예상되는 여러 단점에도 불구하고 다른 교육이 가능하다는 사실은 여전히 나의 가슴을 뛰게 한다. 여러 대안학교의 소개 글을 보다가 이런 단어들이 눈에 띄었다.

> 함께하는 삶, 공동체, 열린 마음, 행복,
> 자발성, 자연과의 공존, 고유성….

읽기만 해도 어린 시절이 치유받는 느낌이었다. 어른이 된 지금, 이런 가치를 함양하는 것이 영어 단어 하나를 더 외우고, 수학 시험에서 한 문제 덜 틀리는 것보다 훨씬 중요하게 느껴진다. 나답게, 행복하게, 더불어 사는 일만큼 더 가치 있는 것이 있을까?

몇 년 전 온라인에서 화제가 된 한 작가의 말이 떠오른다.

> "20대 때는 공부를 잘하면 모든 게임에서 다 이기는 줄 알았어요. (…) 결국 끝에 가서 행복하게 사는 사람은 행복할 줄 아는 사람인 것 같아요. (…) 40대가 되면 인생이 많이 갈리잖아요. 누가 행복하나 보면, 그냥 원래 낙관적이고 잘 웃던 친구가 아직도 행복해요. 행복은 그 자체에 노하우가 있는 거더라고요."*

학창 시절에는 행복의 노하우를 배운 적도, 고민해 본 적도 없다. "대학만 가면 고생 끝, 행복 시작이야"라는 말만 철석같이 믿었는데, 그것이 동기부여를 위한 감언이설이었다는 걸 대학에 가서야 알게 됐다. 점수에 맞춰 선택한 전공은 재미가 없었고, 학문의 전당인 줄 알았던 대학에선 취업을 위해 열심히 '스펙'을 쌓아야 했다. 수험생 시절과 마찬가지로 행복은 번듯한 직장을 잡은 다음에야 쥘 수 있었다. 그렇게 또 취업 준

× Youtube, [조승연의 탐구 생활, 'MMM Q&A 평소 대화는? 모닝 루틴? 20대를 위한 조언?]. 2021.12.

낳을까 말까

비에 뛰어들었다. 전공을 고를 때와 마찬가지로 휩쓸리듯 인지도나 유명세에 따라 회사를 선택했다.

그래서일까. 10년 넘게 커리어를 이어오면서도 일이 좋다는 생각을 해본 적이 없고, 여전히 출근을 앞둔 일요일 밤엔 심장이 두근거린다. 행복이란 지금 이 자리에서 찾을 수 있는 것이어야 한다. 그런데, 나의 행복은 그동안 미래의 어떤 것을 위해 계속 지연되어 왔다. 어렸을 때 순간의 행복을 발견하는 방법을 배웠다면 지금 나는 어떤 어른이 됐을까.

부모가 된다는 건 나의 어린 시절을 다시 사는 일이기도 할 것이다. 나는 비록 그렇게 자라지 못했지만, 내 아이만큼은 좀더 자유롭고 행복한 삶을 살게끔 길을 터주고, 함께 고민하고 싶다. 그 과정에서 나 역시 어린 시절에는 미처 알지 못했던 행복의 노하우를 다시 배울 수 있지도 모른다.

다른 부모는 세상을 바꾼다

대안학교라는 보통과 다른 선택이 아니더라도, 다양한 방법으로 자신만의 다른 양육을 실천하는 부모들이 있다.

치열한 경쟁 환경을 피해 읍면리 단위로 이사한 가족부터,

스마트폰이 미치는 유해한 영향을 인지하고 오랫동안 휴대폰을 사주지 않기로 결심한 엄마, 아빠가 있다. 학습보다는 자연에서의 생태 체험을 중시하는 숲 유치원에 보내거나, 집에 TV를 없애고 거실을 서재로 만드는 집도 드물지 않다. 기후위기의 중요성을 가르치기 위해 폭염에도 에어컨을 최대한 틀지 않고 지내기를 실천한 부모도 있다. 모두 내 주변에 실제로 존재하는 멋지고 용감한 엄마, 아빠들이다.

교육 시장은 부모의 불안을 먹고 자란다는 유명한 말이 있다. 부모들이 모이는 온라인 커뮤니티만 슬쩍 봐도 불안에 휩싸인 글이 대부분이다. 영어유치원을 꼭 보내야 하는지, 사립초등학교는 경제적 여건이 어때야 갈 수 있는지, 선행을 해뒀는데 이 정도면 괜찮을지, 더 늦기 전에 무리해서 강남 학군지로 이사를 하는 게 좋을지… 제목만 훑었는데도 벌써 불안이 옮겨붙는 기분이다. 확고한 신념을 가진 사람이라도 매일 이러한 타인의 불안에 노출된다면, 흔들리지 않을 수 있을까.

도처에 불안이 스며들어 있다. 그 불안 속에서 아이들은 어느새 우리 세대와 다를 바 없이 길러지고 있다. 20년 전 매일 발도장을 찍던 학원가를 지나갈 때면 여전히 숨이 막힌다. 아이들의 숫자는 줄어들었으니 경쟁은 느슨해져야 하는데, 학원가 앞에 즐비한 픽업 차량과 밤늦게까지 다닥다닥 붙은 건물 사이를 오가는 학생들의 모습을 보면 아무것도 변한 게 없는 듯하다.

이런 현실 속의 불안감에 휩쓸리지 않는 부모들이 있다는 사실은 그래도 내게 용기를 준다. 우리가 경험한 획일적인 입시 중심의 교육에 문제를 제기하고, 내 아이에게만큼은 다른 길을 안내하고자 애쓰는 이들이 있다. 그냥 남들 하는 대로 이 학원, 저 학원으로 아이를 실어 보내며 키우는 것이 제일 쉬울지도 모른다. 가보지 않은 길에 대해 신념을 갖고 밀어 붙이는 건 크나큰 용기와 굳은 마음만 가지고는 사실, 녹록하지 않을 것이다. 무엇보다 나중에 아이가 나의 의도를 이해해 줄 것이라는 믿음도 확고해야 한다.

자기만의 확실한 교육 철학이 있는 부모가 되기란 얼마나 어려운 일일지 상상이 가지 않는다. 한편으론 그런 부모의 양육 아래에서 자란 아이들은 얼마나 단단하게 자랄지, 내심 부러워진다.

+

"자식을 기르는 부모야말로 미래를 돌보는 사람이라는 것을 가슴 속 깊이 새겨야 한다. 자식들이 조금씩 나아짐으로써 인류와 이 세계의 미래는 조금씩 진보하기 때문이다."

칸트가 자녀 교육에 대해 남겼다는 말이다. 비록 평생을 배우자도, 자녀도 없이 산 사람의 문장이지만 공감이 갔다. 나 역시 작은 변화들이 모여 큰 변화를 이끌어낼 수 있다고 믿는다. '다른' 교육의 존재는 더 좋은 사회를 향한 도전 의식을 자극한다. 완벽한 부모가 될 자신은 없지만, '조금 다른 부모'라면 해볼 수 있을지도 모르겠다.

아이를 낳으면
진짜 어른이 될까

좋은 경험이든, 나쁜 경험이든 경험은 우리를 변화시킨다. 아쉬운 외식 경험을 통해 맛있는 음식이 무엇인지 깨닫고, 나와 맞지 않는 사람과의 연애를 통해 좋은 인연을 보는 안목을 키운다. 당시엔 최악의 실패처럼 느껴졌던 일이 지나고 보니 나를 자라게 했음을 알게 되기도 한다. 그러니 할까, 말까 고민될 땐 일단 경험해 볼 것. 이것이 이제까지 내가 살아온 방식이다.

부모가 되는 일을 '경험 자산'이라는 시각으로 볼 때, 마음은 아이를 낳는 쪽으로 설득당한다. 이왕 인간으로 태어난 김에, 한번은 경험해 보고 죽어야 하지 않을까 싶은 생각이 든다.

결혼이 알려준 것

한번 해보고 아니다 싶으면 돌아오자. 평생 비혼으로 살 줄 알았던 나는 그런 마음으로 결혼 제도에 발을 들였다. 합리적으로 따졌을 때 여성이 결혼으로 갖는 장점은 몇 개 없는 듯했다. 배우자와의 연애가 장기화 국면에 접어들고, 슬슬 결혼 얘기가 입에 오르던 때는 『82년생 김지영』이 히트를 치고 〈며느라기〉가 연재되던 시기였다. 결혼은 가부장제의 노예가 되는 관문처럼 보였다. 나라고 김지영*과 민사린**이 되지 않으리란 법이 없었다. 기혼 여성이 되면 자유와 권리, 페미니스트로서의 주체성을 모두 잃게 될 것 같았다.

세상 대부분의 일이 그렇듯 경험하기 전엔 알 수 없는 게 있다. 내가 상상했던 온갖 억압과 불평등의 이미지가 결혼 생활의 모든 게 아니라는 걸 정면으로 뛰어들고 나서야 알게 됐다.

× 2016년 출간된 조남주 작가의 『82년생 김지영』 속 주인공. 유년 시절부터 학교, 직장, 결혼, 출산에 이르기까지 한국 사회에서 여성이 겪는 다양한 차별과 불평등을 체험하는 인물로, 이를 통해 한국 여성들의 현실을 생생하게 보여준다.

×× 2017년 연재된 수신지 작가의 웹툰 〈며느라기〉의 주인공. 갓 결혼한 여성으로 한국 사회에서 기혼 여성이 겪는 가부장제 폐해를 현실적으로 보여주는 인물이다.

낳을까 말까

고작 8년의 결혼 생활을 바탕으로 결론을 내리긴 이르지만, 결혼 생활은 생각보다 만족스럽다. 결혼을 통해 나는 마음의 안정을 찾았다. 타인의 세상을 아주 가까이서 바라볼 수 있다는 것, 그로부터 나의 세계가 확장되는 건 가치 있는 경험이다. 에로스를 넘어 우애와 신의로 다져진 관계에서 오는 충만함도 소중하다.

물론 어려움이 하나도 없었다면 거짓말이다. 예상대로 결혼 제도에는 많은 불합리가 존재했다. 명절을 예로 들어보자. 차례에 참여하지 않겠다고 시부모님께 직접 선언하는 일은 생각보다 쉽지 않았다. 크고 작은 갈등과 나름의 투쟁을 통해 만족할 수준의 균형점을 찾아냈고, 숱하게 상상했던 앞치마를 두른 채 전을 부치는 현실은 일어나지 않았다. 나와 배우자는 명절 때 여행을 가거나 집에서 휴식을 취한다. 대신 명절이 아닌 날에, 기분 좋은 마음으로 부모님을 만난다.

불가능할 것이라 여겼던 평등한 결혼 생활도 가능했다. 또한 기혼 여성이지만 여전히 페미니스트의 정체성으로 살고 있다. 물론 내게 운이 따랐다는 것도 잘 알지만, 대체로 결혼해보길 잘했다고 생각하며 산다.

결혼과 달리 아이를 낳는 일엔 '해보고 아니면 말지 뭐'라는 사고방식이 통하지 않는다. 자식을 낳는 결정은 무를 수 없는 선택이다. 엄마가 되는 순간, 나는 평생 누군가의 엄마로 남는다. 그렇기에 훨씬 더 엄중한 무게가 따른다. 육아는 결혼과는 비교할 수 없는 큰 어려움을 각오해야 하는 일이기도 하다. 갓 태어난 신생아는 스스로 먹고, 싸고, 잘 줄 모른다. 그런 아기를 돌보는 일은 보호자의 기본적인 욕구와 충돌한다. 아이가 자라서 독립하더라도, 부모는 마음 한구석에서 늘 걱정을 안고 산다. 이처럼 고된 일임에도 인류는 오랜 세월 아이 낳는 선택을 반복해 왔다. 엄마, 아빠가 된 지인들은 하나같이 '힘들지만 행복하다'는 역설적인 말을 내뱉곤 한다.

미국의 경제학자 러셀 로버츠는 『결심이 필요한 순간들』에서 결혼, 2세 계획 등과 같은 문제를 '답이 없는 문제wild problems'라 일컫는다. 답이 없는 문제들은 노트에 장, 단점을 나열하는 방식으로는 쉽사리 결정을 내릴 수 없다. 선택이 곧 나의 정체성을 변화시키기 때문이다. 결정을 내리기 전과 내린 후의 나는 완전히 다른 사람이므로 장, 단점을 비교하는 것 자체가 무의미하다는 얘기다. 그는 이런 답이 없는 문제에 대한 판단을 내리기 위해서는 다른 잣대가 필요하다고 주장한다.

결혼을 하거나 아이를 낳는 결정은 겉으로 보기엔 단점이 더 많아 보이는 비합리적인 선택 같지만 무수히 많은 사람들이 기꺼이 비합리적인 선택을 내린다. 그 이유는 우리가 대부분 '인간으로서의 성장'을 추구하는 존재이기 때문이라고 한다.

> "우리는 어려움을 무릅쓰기 좋아한다. 사람들이 시를 쓰고, 전쟁이 났는데 군에 입대하고, 도저히 오를 수 없을 것 같은 곳을 산이 거기에 있다는 이유만으로 오르고, 마라톤을 뛰고, 보수도 받지 않고 자원봉사를 하는 것은 그 때문이다. 고통은, 특히나 어떤 이상적인 것을 성취하기 위한 고통은 의미의 원천이 될 수 있다."*

기후위기와 젠더 갈등을 비롯해 점점 더 나빠지는 세상을 함께 걱정하며 출산을 망설였던 친구가 있다. 결혼한 지 10년 가까이 되어 가진 첫째가 두 돌이 갓 지난 지금, 그녀는 둘째를 생각 중이다.

✕ 94p, 러셀 로버츠, 이지연 옮김, 『결심이 필요한 순간들』, 세계사, 2023

"태어나서 이뤄낸 일 중 가장 위대한 업적이야."

친구는 매일 한 우주를 창조해 낸 경이로움을 느낀다고 했다. 아무것도 모른 채 한 말일지라도, "엄마 같은 어른이 되고 싶어!" 하고 미소를 보내는 아이를 보면 좋은 사람이 되고 싶어진다고. 아이를 통해 잘 살아야겠다는 마음이 드는 것만으로도 꼭 한번 해볼 만한 일이라며, 내게 출산을 추천했다. 자신의 딸에게도 권하고 싶은 경험이라는 말과 함께.

흔치 않은 부드러운 리더십으로 많은 신뢰를 받았던 전 직장 임원이 했던 말도 있다. 그녀는 자신의 그릇이 출산을 통해 넓어졌다고 했다.

> "아기를 키워보니 내가 정말 미워하는 저 사람도 아기였던 시절이 있었겠구나 싶어. 부모가 잠자는 시간 아껴가며, 손목 아프게 안아주며, 기저귀 갈아주며 길러진 소중한 사람이구나 생각하게 됐어."

믿기 어렵지만 아이를 낳기 전까지 직장에서 그의 별명은 '쌈닭'이었다. 부모가 되는 경험을 통해 인격적으로 성숙해지는 사람들을 볼 때면 내가 무언가 놓치고 있는 건 아닐까 하는 생각에 조바심이 든다.

낳을까 말까

아이를 낳아야 진짜 어른이 될까

진짜 어른이 된 것 같다고 느꼈던 순간들이 있다. 주민등록증을 처음 받았을 때, 대학교에 입학했을 때, 첫 월급을 받았을 때, 결혼해서 독립했을 때. 그러나 어른이 된 듯한 우쭐한 기분은 찰나에 그칠 뿐이었다. 30대 중반, 누가 봐도 어른인 나이가 됐는데도 여전히 나는 성숙함과는 거리가 멀다. 반면 아이를 낳은 친구들은 나이만 어른이 아닌 '진짜 어른' 같아 보인다. 인생의 다른 관문을 넘었다는 느낌, 내가 가진 것과는 차원이 다른 책임감의 무게가 느껴진다.

사실 "아이를 낳아야 진짜 어른이 된다"는 말을 별로 좋아하지 않았다. 이 말은 아이가 있는 사람들을 칭찬할 때보다 아이가 없는 사람을 흠잡는 무기로 쓰일 때가 많기 때문이다.

> "애가 없어서 철이 없는 거야."
> "애도 안 낳아본 여자가 뭘 알겠어."

이런 말을 들을 때면, 아이를 낳아야 어른이 된다는 말에 오히려 의구심이 생겼다. 이런 차별적인 말을 하는 것 자체가 성숙하지 않다는 뜻이 아닐까. 아이를 낳은 모두가 어른이 된다면 세상은 지금보다 좀 더 살기 좋은 모양이 되었을 것이다. 아이를 낳았지만 여전히 미숙한 이들의 사례는 주변에 무수히 많다.

종종 존경할 만한 어른에게 '참어른', '이 시대의 진정한 어른'이라는 타이틀을 붙이는 것도 같은 맥락이다. 즉, 나이가 들고 손자, 손녀까지 봤어도 누구나 어른이 되는 것은 아니다. 반대로 아이가 없어도 인간적 성숙을 이룩한 사람들도 많다. 사회와 공동체에 대한 관심과, 그에 맞는 지속적인 노력이 있다면 다른 방식으로도 좋은 어른이 될 수 있다.

진짜 어른이란 무엇일까. 흔히 어른을 자기 스스로의 인생에 책임을 다하는 사람으로 정의내린다. 나 역시 내 인생에 책임을 다하고 있다. 정당한 노동을 하고, 그 대가로 돈을 벌고, 세금을 낸다. 맡은 업무를 성실하게 하고, 동료에게 피해를 주지 않기 위해 노력하며, 내 몸을 관리하고 반려견을 잘 돌본다. 시민의 의무인 투표도 빼놓지 않는다. 이만하면 어른답게 살고 있는 게 아닐까. 하지만 내 책임의 범위는 너무 좁아 보인다. 신경 써야 할 것은 나와 가족뿐, 울타리 밖의 사람에겐 마음이 잘 가지 않는다. 나와 의견이 다른 사람을 포용할 그릇도 되지 못한다. 뉴스나 사회 현상에 대해 관심을 가져보지만, 딱 거기까지일 뿐 적극적으로 행동하진 않는다.

낳을까 말까

만약 아기가 태어난다면 어떨까. 엄마로서의 책임감은 무게가 사뭇 다를 것이다. 책임감의 범위는 단순히 아이를 잘 먹이고, 입히고, 재우는 데서 그치지 않을 것이다. 아이가 자라고, 살아갈 세상으로 시야가 넓어질 것이다. 나의 의지로 아이를 세상에 태어나게 했으니 세상은 반드시 좋아져야만 한다.

아이를 낳고 어른이 된다는 말은 이렇게 책임감의 범위가 확장된다는 뜻 아닐까. 나를 넘어, 이웃과 공동체로 그리고 또 다른 세대까지로.

+

아마 나는 절대적으로 어른스러운 사람은 되지 못할 것이다. 나밖에 모르던 내가 갑자기 위인들처럼 인류를 감싸고 사랑하며 포용하는 모습이 되리라곤 기대하지 않는다. 그러나 내 아이가 살아갈 더 나은 사회를 꿈꾸며 일상의 크고 작은 선택을 내릴 수 있으리라는 생각은 든다.

예측 가능한 상황 속, 감당할 만한 작은 책임을 지고 사는 지금의 생활도 나쁘지 않다. 그러다가도 가끔은 결혼을 망설였던 때처럼 지레 겁을 먹은 건 아닌 걸까, 하고 생각한다. 해보지 않으면 다 알 수 없는 일일 텐데 말이다. 모든 경험에 좋고 나쁨이 있는 것처럼, 출산과 육아에도 짐작조차 하기 어려운 기쁨과 힘듦이 함께할 것이다. 잔잔했던 인생 그래프의 진폭은 미친 듯이 커질 것이다. 그 과정에서 한 뼘 정도는 지금보다 더 자라 있을 내 모습을 생각하면 그리 나쁘지 않을 것 같다.

낳을까 말까

부모에 대해 생각할 때

"시부모님이 뭐라고 안 해요?" "양가 부모님은 아이를 기다리지 않나요?" 아이 생각이 딱히 없다고 말하면 종종 마주하는 질문 앞에서 당황하고 만다. 부부가 주체적으로 결정해야 할 자녀 계획에 대해, 시부모님의 허락이라도 미리 구했어야 하는 것일까?

물론 이해가 가지 않는 건 아니다. 대를 잇는 일은 최근까지만 해도 굉장히 중요한 의무였다. 빨리 손주를 봤으면 하는 마음에 용하다는 보약을 지어 먹이거나, 아들을 낳지 못하는 며느리를 들들 볶는 시어머니 얘기가 드라마의 단골 소재에서 벗어난 지도 얼마 되지 않았으니까.

결혼하자마자 아이를 가졌다면 곧 초등학생 학부모가 되었을지 모르는 연차이지만, 우리는 아직 자녀 없이 살고 있다. 사람들의 궁금증에 답하자면, 다행히 아직까진 아이에 대한 압박을 받은 적이 없다. 딱 한 번, 신혼 초에 시아버지께서 "둘이 아이를 낳는다면 아이 얼굴이 어떨까 궁금하네!" 하고 농담을 하셨다가 분위기가 어색해진 일이 있었다. 그 이후로는 아무도 아이 이야기를 꺼내지 않는다.

우리 부부의 선택을 존중하는 것일 수도 있고, 하기 싫은 건 절대 안 하는 내 성격을 알기에 몰래 속앓이를 하고 계실지도 모른다. 어쩌면 아기를 낳고 기르기에 녹록하지 않은 환경과 요즘 젊은이들이 처한 어려움에 공감하기에 섣불리 말을 꺼내지 않는 것일 수도 있다. 혹은 양가 부모님 모두 물질적으로나 시간적으로 우리의 육아를 지원해 주실 만한 여력이 없기에 말을 아끼시는 걸지도 모르겠다.

우리 엄마가 할머니가 될 기회

'손주를 안겨주다'라는 흔한 관용어처럼 오래 전부터 출산은 큰 효도로 여겨졌다. 요즘 세상에 부모님을 위해 아이를 낳을 사람이

낳을까 말까

어디 있겠나 싶지만, 이 마음의 밑바탕은 여전히 유효해 보인다.

> "언니가 애를 둘이나 낳아서 난 한시름 덜었지."
> "넌 좋겠다. 우리 엄마, 아빤 자식 둘 다 결혼도 못해서 불쌍한데."

　또한 형제, 자매가 있는 친구들은 혈육의 결혼, 출산 유무에 따라 부모님에 대한 심리적 부담이 달라지는 것 같았다.

　여태까지 나의 아이 낳는 고민은 주로 개인적인 문제였다. 그래서 자식으로 마땅히 해야 할 도리의 관점에서 이 문제를 생각해 본 적은 없었다. 양가 부모님의 상반된 모습을 발견하기 전까진 그랬다.

　남편의 여동생에겐 두 아들이 있다. 조카가 태어난 후 시부모님은 새로운 사랑에 눈뜬 행복이 느껴진다. 조카가 어린이집에서 한 엉뚱한 행동, 새롭게 할 줄 알게 된 말에 대해 얘기하며 짓는 미소는 그 어느 때보다 충만해 보인다. 손주를 왜 노년의 행복이라고 하는지 알 것만 같다. 반면 손주가 없는 우리 부모님의 삶은 조금 무료해 보인다. 새로운 이벤트나 도전 없이 하루하루 똑같이 보내는 모습을 보면 괜히 마음이 무겁다. 외동딸인 내게, 우리 엄마가 할머니가 될 기회가 달려 있다는 사실이 문득 부담스럽다.

부모를 위해 인생의 큰 모험을 감수할 정도의 효녀는 아니다. 오히려 불효 자식에 가깝게 살아왔다. 엄마가 아직도 고개를 젓는 사춘기 땐 문을 쾅 소리나게 닫고 잠그던 아이였다. 고등학생 땐 가족으로부터 벗어나고 싶어 집에서 가장 먼 기숙사 학교에 진학했고, 대학 시절엔 통학 가능한 거리의 학교였지만 굳이 기숙사 생활을 하며 거리를 두었다. 직장 생활을 시작한 뒤로는 온 가족이 모이는 명절이면 핑계를 대고 해외로 떠났다. 대학이나 회사를 선택할 때는 물론, 결혼 날짜도 내 마음대로 잡아서 통보해 왔건만 아이를 낳는 문제 앞에서 갑자기 엄마, 아빠가 신경 쓰이기 시작했다.

"넌 결혼도 하지 말고, 아이도 낳지 말고 혼자 잘 살아." 분명 어릴 때 이렇게 말하곤 했던 엄마는 요즘 들어 하나쯤은 낳았으면 하는 눈치다. 여전히 자식에 대한 결정은 온전히 나의 선택이라는 것을 강조하면서도 "그래도 너 같은 딸이 있어서 참 좋았어"라거나, "나중에 생각이 바뀔지도 모르니까 일단 난자 냉동이라도 알아봐"라는 말을 덧붙이는 걸 보면 말이다. 나를 키우며 힘들었던 모든 기억이 희미해진 것일까? 그게 아니라면 엄마가 죽고 난 후 혼자 남겨질 나를 걱정하는 걸까?

그 이유가 무엇이든 전이라면 흘려들었을 엄마의 한마디를 괜히 곱씹게 된다.

사람을 바꾸는 건 사람뿐

전에 없던 이런 생각은, 새로운 사람이 가정에 가져온 변화 때문인 것 같기도 하다. 무심한 딸이 집에 데려온 사위의 영향력은 생각보다 컸다. 다정한 말투와 친절, 배려심을 기본으로 장착한 배우자 덕분에 집 분위기는 사뭇 달라졌다. 딱딱하던 원가족과의 식사 자리가 화기애애할 수도 있다는 것에 놀랐고, 실로 오랜만에 가족 여행을 가기도 했다. 내게 '가족'이란 단어는 생각만 해도 근심걱정을 불러 일으키는 단어였지만, 남편과 함께일 때면 조금은 편안해졌다. 사람이 사람을 변화시키는 힘을 그때 처음 느꼈다.

6년 전 가족이 된 반려견도 마찬가지다. 미리 말해봤자 반대할 게 뻔하다는 생각에 나와 남편은 아무에게도 알리지 않은 채 유기견 보호소에서 토리를 데려왔다. 시간이 꽤 지난 다음에야 부모님께 토리를 소개했는데, 처음에는 양가 부모님 모두 토리에게 정을 주지 않으려고 했다. 모두 반려견을 키웠다가 떠나보낸 경험이 있기 때문이었다. 개를 마주하고 보인 어색한 미소 속에는, '뒷감당을 어쩌려고 이런 일을 저질렀니' 하는 마음이 비쳤다. 어쩌면 그때 '쟤네들이 정말로 아이를 안 낳을 속셈인가' 이렇게 생각하셨을지도 모른다.

반려견과 함께 산 지 어느덧 6년이 지났다. 서서히 마음을 열어온 시간이 쌓여 이제 어른들 모두 토리를 꽤 많이 예뻐한다. 엄마는 토리가 간다고 하면 고구마 삶은 것과 사과를 먹기 좋게 잘라 미리 준비해 둘 정도다. 순수한 존재에겐 무해한 미소가 나올 수밖에 없다. 토리의 사랑스러운 행동 덕분에 전에는 없던 새로운 기쁨이 더해졌다. 그럴 때면 자연히 아이를 생각하게 된다.

　인간 아기가 가져올 변화는 얼마나 엄청날까. 아이는 하루가 다르게 성장하는 모습까지 보여준다. 게다가 모두와 조금씩 유전자를 공유한다. 해줄 수 있는 것도, 나눌 수 있는 순간도 무수히 많을 것이다.

　엄마, 아빠가 된 지인들로부터 부모님이 정말 좋아한다는 얘길 자주 듣는다. 가끔 자신에겐 무섭고 냉철했던 부모님이 손주를 끔찍이 여기는 모습을 보고 서운하다는 사람도 있다. 아이가 주는 사랑에 기뻐하고, 아이 때문에 눈물 흘리는 할머니, 할아버지를 보면 꼭 연예인 '덕질'을 하는 것과 비슷해 보인다. 아이가 성장하는 단계 단계마다 함께 기뻐하고 응원하는 존재로 또 한 번 살 수 있다는 건 노년의 엄청난 경험임이 분명하다.

낳을까 말까

과연 아이는 활력소일까

손주는 부모와 자식을 이어준다. 결혼을 계기로 떨어져 나갔던 자녀 세대는 출산을 계기로 다시 부모와 '육아 공동체'로 한데 묶인다. 맞벌이 부부에게 조부모는 가장 든든한 육아 지원군이다. 주변을 둘러보면 정도의 차이는 있지만, 많은 경우 조금씩은 도움을 받는 것 같다. 아예 부모님과 합가를 한 집도 있고, 부모님이 월요일부터 금요일까지 상주하며 아이를 돌봐주시기도 한다. 같은 아파트 단지나, 바로 옆 동네로 이사해 가까이 사는 경우도 흔하다. 조부모가 돌봄을 전담하지 않더라도 근거리에 살며 급한 일이 있을 때 공백을 메워주는 경우도 있다.

손주의 탄생 그 자체는 노년의 기쁨이지만, 황혼육아라는 측면에서 보면 육체적, 정신적 부담이기도 하다. 젊은 사람도 하기 힘든 육아를 60~70대가 도맡으며 체력적인 한계를 느끼거나 우울증에 걸리는 사례도 종종 보도된다. 달라진 세대 간 육아관으로 인해 자식과 갈등이 생기는 것도 스트레스 중 하나다. 애써 키운 자식의 커리어를 끊기게 하지 않으려고 본인의 일을 그만두며 경제적 손실을 감수하는 경우도 많다.

"부모님도 가까이 계시니 걱정 없겠네."

내가 본가 근처에 사는 걸 아는 지인들은 출산 후 당연히 부모님의 도움을 받을 수 있으리라 가정한다. 그러나 난 육아 지원을 받고 싶지 않다. 우선, 부모님이 아직 경제활동을 하고 계신다. 돌봄에 대한 충분한 비용은 당연히 드리겠지만, 아이에게 집중적인 손길이 필요한 시간은 단 몇 년이다. 나 대신 육아를 하게 되어 그분들의 커리어가 중단되는 건 부담스러운 일이다.

더 본질적으로는 예상되는 갈등이 두렵다. 부모님이 아이를 위해 희생한다는 이유로 육아에 의견을 피력하지 못하고 속앓이를 하는 지인들을 종종 본다. 반대의 경우도 마찬가지다. 참고 참다가 한쪽이 곪아터진 이야기를 들을 때면 도움 받을 일은 최소화해야겠다는 생각이 든다. 내 아이를 봐주는 일로 부모에게 다시 종속되고, 감정 상하는 일을 만들고 싶지 않다. 가까이 살되 생활은 분리된, 부모와의 거리는 지금 정도가 딱 좋다.

아이를 낳는 게 가장 큰 효도라지만 기뻐하는 부모의 모습을 상상하는 것만으로 출산을 결심하기엔 현실적으로 고려해야 할 문제가 많다. 아이로 인해 완성되는 '화목한 3대'의 이미지도 정상성이 주는 환상에 불과할지 모른다. 나부터가 할머니, 할아버지와 함께 살았지만 데면데면한 손녀였던 걸 떠올리면 더 그렇다.

낳을까 말까

결국, 나를 이해하는 과정

부모와 자식은 가장 많은 사랑과 함께, 가장 많은 상처를 주고받는 관계다. 그래서 어려울 수밖에 없다. 부모님을 생각하면 아이를 낳고 싶다가도, 다시 부모님 때문에 아이 없는 삶을 살겠다고 변덕을 부리게 되는 건 이 때문이다. 분명한 건, 아이를 낳는 고민에 있어 필연적으로 내 부모를 떠올리게 된다는 것이다. 내가 경험한 유일한 부모의 모습이니까 말이다.

"너도 너랑 똑같은 자식 낳아봐라." 이건 어릴 때 부모에게 들었던 잔소리 중 가장 듣기 싫었던 말이다. 삐딱한 사춘기 고등학생 입장에선 하필이면 나 같은 애를 낳았다는 얘기처럼 들렸다. 여기에 숨겨진 '부모가 되면 내 마음을 이해하게 될걸'이란 속뜻 역시 불편했다. 나를 낳기로 선택한 건 부모인데 왜 그들을 이해해야 한다는 말인가. 그때마다 반항심은 극단으로 치달았고 아이를 낳지 않겠다는 마음은 더 강해지곤 했다.

상담과 심리치료에 관심을 갖게 되면서 유년 시절의 경험, 원가족과의 관계가 미치는 영향력이 크다는 것을 알게 됐다. 삶에 펼쳐진 문제들을 해결하기 위해 안으로, 과거로 파고들다 보면 많은 경우 그 원인이 성장 배경과 관계가 있었다. 내겐 선택권이 전혀 없었다. 힘없는 어린아이가 무엇을 할 수 있을까. 그런데도 내 기억이 닿기도 전의 일이 수십 년이 지난 지금까지 영향을 미친다는 것은 너무하다는 생각이 들었다. 그 화해와 통합의 몫이 언제나 자식인 나에게 있다는 것도 못마땅했다.

처음 심리 상담을 받았을 때의 일이다. 내 고민을 한참 듣더니, 선생님은 엉뚱한 질문을 던졌다. "어머니는 어떤 사람이었나요?" "아버지의 형제 관계는 어떻게 되나요?"

내 문제를 상담하러 간 건데 우리 부모님의 인생을 왜 물어보나 싶었지만, 부모님의 탄생부터 살아온 궤적을 순차적으로 떠올리며 대답했다. 신기하게도 말하는 것만으로도 마음이 홀가분해졌다. 나의 부모가 아닌 한 명의 개인으로서 그들의 삶을 바라본 건 처음이었다. 그렇게 해보니 조금은 부모님의 행동이 이해가 갔다. 부모님도 그땐 어리고 미숙했다. 그들도 엄마 아빠가 처음이었고, 그들의 부모로부터 그렇게 길러졌다. 잘못된 대우를 받았다기보다, 모르는 게 많은 어린 부모 옆에 내가 있었을 뿐임을 깨달았다.

✝

아이를 낳고 갑자기 효자로 변신한 이들이 우습다고 생각해

왔다. 이제 조금은 그 마음을 헤아릴 수 있을 것 같다. 아이를 낳는 고민에 있어 부모님을 생각한다는 건 단순히 귀여운 손주를 안겨주냐, 마냐의 문제가 아니다. 그보단 '나의 부모'라는 좁은 역할을 넘어, 개별적인 인간으로 부모님을 바라보는 새로운 시각을 얻는 기회다. 그리고 부모를 진정으로 이해한다는 것은 결국 나 자신에 대한 치유와 맞닿아 있다. 나는 결국 부모님의 일부를 안고 태어난 사람이기 때문이다.

부모가 되어봄으로써 한때 나와 다르지 않았던 부모를 이해하게 되고, 궁극적으로는 나라는 존재를 더 사랑하게 되는 것. 그것이 아이가 있는 삶이 주는 가치라면 동기부여가 된다.

아빠가 될지도
모르는 그의 생각

아이는 여성의 신체를 빌려 태어난다. 임신과 출산 모두 내 몸에서 일어나는 일이므로, 아이를 낳을지, 말지에 대한 의사결정에서 내가 가장 큰 권한을 가져야 한다고 믿는다. 그렇다고 해서 독단적으로 결정할 수 있는 일도 아니다. 나 혼자 아이를 만들 수도 없는 데다, 배우자의 아빠 될 운명 역시 이 선택에 달려 있다. 출산과 비출산의 고민은 남편의 생각과도 긴밀하게 얽혀 있을 수밖에 없다.

이런 이유로 자녀 계획이란 결혼 전 반드시 상호 합의를 마쳐야 하는 영역으로 여겨진다. 실제로 자녀에 대한 의견 차이로 파경에 이르는 사례가 적지 않아 보인다. 아이를 낳지 않기

낳을까 말까

로 합의했는데 배우자가 마음을 바꿔 아이를 원한다거나, 그 반대의 경우도 마찬가지다. 이미 자식이 있는 경우에도 둘째를 낳냐, 마냐를 두고 많은 부부가 갈등하기도 한다.

이렇게 자녀에 대한 가치관은 이별을 감수해야 할 정도로 타협하기 어려운 신념이자, 한번 합의한 이후엔 변해서는 안 되는 약속이라는 인식이 흔하다. 수긍이 가지 않는 건 아니다. 부모가 된다는 건 한 사람의 일생을 송두리째 변화시킬 수 있는 중요한 의사결정이니까.

그런데 서로 다른 두 사람의 완전한 의견 일치가 말처럼 쉬운 일일까. 나 혼자서도 낳을까, 말까라는 고민 앞에 매일 이렇게 흔들리는데 말이다.

합의하진 않았지만

무자녀로 살아가는 다양한 여성들의 목소리를 담은 책, 『엄마는 되지 않기로 했습니다』에는 지금의 아이 없는 삶에 이르게 된 제각기 다른 이야기가 등장한다. 처음엔 자연스럽게 아이를 원했다가 마음이 바뀐 경우, 별다른 생각이 없다가 결혼 후에 처음으로 진지하게 논의를 한 커플도 있다.

"자신이나 배우자가 양육에 부적합한 사람임을 깨달을 수도 있고, 육아로 인해 금전적, 시간적 여유가 부족해지길 원치 않을 수도 있고, 원가족으로부터의 스트레스가 부부 관계를 뒤흔들 수도 있고, 건강이나 커리어에 변동이 생길 수도 있고, 무엇보다 임신과 출산 당사자인 여성의 생각이 바뀔 수도 있기 때문이다.""

'혼전 합의'를 절대적 기준으로 보는 시각이 옳지 않다는 지적에 안도했다. 우리만 이런 게 아니었구나, 하고. 따지고 보면 어떤 생각이든 변할 수 있는 건데 자녀에 대한 가치관이라고 유전자에 새겨져 있듯 불변하리라는 생각 자체가 환상 아닐까.

아이에 대한 생각이 일치했다면 좋았겠지만, 우리 부부 역시 다른 생각을 가진 채 결혼 생활을 시작했다. 아이를 낳지 않는 것을 기본 전제로 살아온 나와 달리, 배우자는 살면서 단 한 번도 아이 없는 인생을 생각해 본 적이 없었다. 아이를 간절히 원했다기보다, 여느 평범한 남성처럼 으레 결혼을 하고 아빠가 되는 '정상적인' 삶이 그에겐 너무나 당연했던 수순이었다. 나를 만나기 전에는 육아나 출산에 대해 깊게 생각해 본 적이 없었다고하니 말이다.

✕ 102p, 최지은, 『엄마는 되지 않기로 했습니다』, 한겨레출판, 2020

낳을까 말까

돌이켜보면 어설픈 합의가 있었다. 연애 시절, 나는 주워들은 이야기에 따라 이 문제에 대해 꼭 의견 합치를 이뤄야 한다고 굳게 믿었고, 굳이 불편한 대화를 꺼냈다.

"나는 아이 생각이 없으니, 만약 네가 아빠가 되고 싶다면 다른 사람을 만나도록 해."

처음에 그는 나의 완고한 주장에 당황했지만, 이내 아이 없이 살자는 의견에 동의했다. 대신 한 가지 전제를 붙였는데, 1%라도 좋으니 마음이 변할 수도 있다는 여지를 남겨 달라고 했다. 그때 그가 보탠 말이 씨가 되었는지 100%인 줄 알았던 내 마음은 8년이 지난 지금, 낳을까, 말까를 50:50으로 놓고 고민하는 중이다. 반면 배우자는 지금처럼 아이 없는 삶의 지속을 더 긍정적으로 생각하는 중이다. 아이러니하게도 서로의 자녀관이 반대 방향으로 교차하게 된 셈이다.

미리 합의를 이루지 못했고, 여전히 의견 합치와는 거리가 멀지만 우리는 꽤 평화롭게 지낸다. 자녀 계획은 우리 가족의 의사결정 리스트에 늘 올라와 있는 주제다. 하지만 이 미해결 과제가 생활을 잠식하거나 파괴할 만큼 강력한 힘을 발휘하진 않는다. 올 여름 휴가지 정하기, 떨어진 생필품 구매하기, 대출 상품 갈아타기와 같이 반려생활자로서 함께 결정해야 할 수많은 문제와 나란히 자리할 뿐이다. 아이 문제로 부딪히고 다투

기엔 함께 즐거워하고, 고민해야 할 다른 일들로 충분히 바쁘다. 그러는 동안 우리의 생각은 또 어떻게 변할지 모른다.

나의 이야기: 다른 가족의 형태를 경험하다

절대 아이 없이 살겠다던 나의 마음이 조금씩 열린 데는 여러 이유가 있지만, 결혼 생활을 통해 완전히 다른 가족의 모습을 마주하게 된 영향이 크다. 집집마다 살아가는 모양이 제각기 다르다는 건 알았지만, 결혼은 다른 가족을 아주 깊숙하게 체험하는 계기가 되었다.

신혼 초 남편 부모님과 함께 식사하던 자리였다. 식탁 앞에서 펼쳐지는 대화를 들으며, 꼭 체할 것 같았던 기분을 기억한다.

"나는 너희 아빠랑 결혼하길 참 잘했어."
"너희 엄마는 정말 현명해."
"우린 아직까지도 이렇게 사랑한다고."

원가족과 밥 먹을 때는 한 번도 들어본 적 없는, 마치 드라마 대사 같은 애정 표현이었다. 어느 타이밍에 뭐라고 리액션을 하면 좋을지도 몰라 난감했다. 결혼 연차가 꽤 쌓인 지금도 낯간지럽긴 마찬가지다. 한편으로는 박탈감을 느끼기도 했다. 세상에 이렇게 사이 좋은 중년 부부가 실존한다니. 두 분을 볼 때면 다른 그 무엇보다도, 동반자와의 끈끈한 파트너십이 노년의 가장 큰 복임을 실감한다.

내가 나고 자란 가족은 드라마 속 이상적인 가족과 다소 거리가 있는 모습이었다. 엄마, 아빠를 통해 본 부부란 애정보다는 의리와 책임감이 주가 되는 관계였다. 어릴 때 앨범에서 두 분의 오붓한 신혼 사진을 본 적이 있는데, 이상하게도 생경했다. 그후 엄마, 아빠의 사이가 멀어진 게 자식인 나 때문이라는 생각이 들었다. 자식이 생기면 부부는 그저 버티고 견디는 사이가 되는 줄 알았다. 어릴 때부터 줄곧 비출산을 고집해 온 유일한 이유가 이것만은 아니지만, 중요한 갈래였음은 부인하기 어렵다.

그러다 남편의 가족을 가까이 들여다보며 알게 되었다. 자식을 키우고 나서도 좋은 연인이자 파트너로 남을 수 있고, 서로에게 가장 큰 힘이 되어주는 관계로 살 수 있다는 것을. 이런 부부가 드라마에만 존재하는 허구가 아님을 두 눈으로 목격하자, 부모가 된 우리의 모습을 더 긍정적으로 상상할 수 있게 됐다.

나와 남편이 창조한 새로운 가족의 모습도 '낳을까' 쪽에 힘을 보탠다. 기성세대의 뻔한 부부처럼 살고 싶지 않다는 생각도 출산을 주저하는 이유 중 하나지만, 따지고 보면 우리는 부모 세대와 닮은 점이 없다. 시부모와 한 집에서 지내지도 않고, 가사 분담부터 의사결정을 내리는 방식, 여가를 보내는 방식까지 모든 영역에서 같은 점을 찾기 어렵다. 배우자와 나는 보다 평등한 관계 속에서 의무보다 즐거움을 함께 좇으며 산다. 여기서 아이라는 새로운 구성원이 추가될지라도 내가 만들어갈 가족의 모습은, 이전 세대 가족과는 많이 다를 것이다.

남자들은 정말로, 모두 아이를 원할까?

선한 인상 때문인지 남편을 잘 모르는 나의 지인들마저 그가 당연히 아이를 원할 것이라는 가정하에 출산을 권유하곤 한다.

> "남편은 아이를 원하지?"
> "너희 남편 성격 보면, 딸 낳으면 완전 딸 바보 될 거야."
> "너희 남편은 좋은 아빠가 될 것 같아, 빨리 낳아."

한 치의 의심도 없는 이 말은 강력하게 아이를 원하지 않는(이기적인) 나 때문에 참고 사는 남편이 조금 가엾다는 시각과 함께

일 때가 많다. 물론 처음에 그가 나보다 아이를 더 원했던 건 맞다. 하지만 지금은 꼭 그렇다고 말할 수 없는 상황인데도 말이다.

미혼 남, 녀를 대상으로 한 거의 모든 조사에서 같은 조건일 때 남성의 출산 의향이 여성보다 높았다. 임신, 출산으로 인해 받는 직접적인 영향이 여성에 비해 훨씬 적기 때문 아닐까. 그렇지만 성별 간 폭은 크게 유의미하지 않은 경우가 많다. 전제 조건에 따라 남, 녀의 그래프가 같은 그림을 그리는 경우도 있었기 때문이다. 그럼에도 남자들은 종국에 아이를 원하게 된다는 강력한 편견이 존재한다. 이 고정관념은 낳을까, 말까를 고민하는 여성에게 또 하나의 불안 요소로 작용한다.

> "남자들은 나이 들면 아이를 원하더라."
> "나중에 남자가 마음이 변했는데, 젊은 여자랑 재혼하니 바로 아이를 갖더라."
> "묶었어?(정관) 수술 안 했으면 아직 모르는 거지."

시덥잖은 오지랖이라 무시하고 넘기기엔, 이런 말들은 내 마음을 조금씩 흔들기에 성공한다. 내가 정말로 나밖에 모르는 건 아닐까. 남편이 정말로 아이를 원하는 건 아닐까. 언젠가 이 이유로 인해 우리가 헤어지게 되진 않을까. 언젠가 남편이 직장 동료의 출산 소식을 말했을 뿐인데 괜히 분위기가 불편해진 경험도 있다. 조카를 귀여워하는 모습에 "네 진짜 속마음은 뭐냐"고 물으며 닦달하기도 했었다. 정말로 남자들은 모두 아이를 원할까? 그렇게 쉽게 일반화할 수 있는 것일까.

　세상의 많은 문제들이 그렇듯, 자녀에 대한 의사결정에 있어서도 비난의 화살은 유독 여성에게만 꽂히곤 한다. 아이는 남성과 여성이 함께 결정하는 문제인데도 말이다. 1995년에 결혼해 아이 없이 살고 있으며, 무자녀 가족에 대한 편견을 깨고자 웹사이트 '우린 아이 안 가져'*를 운영하고 있는 에이미 블랙스톤은 『우리가 선택한 가족』에서 아래와 같이 말한다.

> "여성들은 아이와 관련해 어떤 선택을 하든 비난받았다. 아이를 너무 많이 낳으면 하나하나 제대로 돌볼 시간이 없으니 이기적이라고, 하나만 낳으면 아이에게는 형제자매가 필요한데 이기적이라고 비난받았다. 아이를 낳지 않으면 어째서 아이를 싫어하느냐며 이기적이라고 비난받았다. 어느 쪽을 택하든 여성이 질 수 밖에 없는 게임이었다."**

×　werenothavingababy.com
××　22p, 에이미 블랙스톤, 신소희 옮김, 『우리가 선택한 가족』, 문학동네,
　　2021

낳을까 말까

이 글을 만나고 비로소 죄책감을 덜 수 있었다. 내가 아이를 원하지 않는 별난 여자가 아닐까 하는 무거운 마음을 내려놓았다. 유구한 역사에서와 마찬가지로, 여성은 그냥 여성이라서 공격을 받을 뿐이다. 그동안 배우자의 마음을 구태여 의심하고, 쓸데없이 혼자 불안해했다는 사실이 명료해졌다. 이제 그럴 필요가 없다는 것도.

배우자의 이야기: 가부장제는 남성까지 힘들게 한다

그렇다면 배우자는 왜 아이를 낳지 않는 쪽으로 마음이 바뀌었을까. 앞서 이야기한 대로 그는 꽤나 전형적인 '정상 가족'에서 자랐다. 엄격한 아버지, 자애로운 어머니와 아들, 딸 하나씩. 가족 구성원부터 완벽히 들어맞는다. 은행에 다녔던 어머니는 그 시대 여성들이 그랬듯 결혼과 동시에 일을 그만두었고, 아버지가 줄곧 경제 활동을 전적으로 책임져 왔다. 어머니는 '안사람'이자 맏며느리로 집안 살림과 시가의 대소사를 담당했다.

안정적으로 유지되던 가정은 아버지의 갑작스러운 퇴직으로 휘청이게 됐다. 아버지의 부담과 죄책감은 클 수밖에 없었고 아버지만 바라보던 다른 가족의 충격도 그만큼 컸다. 오랜 시간 가장으로 살아온 아버지는 솔직하게 감정 표현을 하거나 약한 모습을 드러내지 못했다. 이는 문제를 해결하고 상황을 안정시키는 과정을 더디게 했다고 그는 말한다.

힘든 시간을 겪으며 남편은 가부장제의 어두운 면을 보았다. 남자는 울면 안 된다, 강해야 한다라는 기대가 남성에게도 큰 압박과 장애물이라는 걸 깨달았다. 그래서 전통적인 성 역할에 얽매이지 않는 평등한 결혼 생활을 꿈꾸게 됐다.

나와의 결혼생활에 있어 그는 동등한 파트너로서 함께 가정을 이끌어가는 일의 든든함을 자주 이야기한다. 단순히 둘이 버는 수입 구조를 말하는 게 아니다. 우리는 각자의 커리어 경험에서 얻은 지혜를 모아 인생에서 맞닥뜨리는 일들을 함께 헤쳐나간다. 서로 역할을 나누기보다 문제를 함께 의논하고 최선의 결정을 내린다. 그래서 우리 집엔 가장이 두 명이다. 나와 배우자는 서로가 서로의 가장이다. 회사 생활도, 집안일도, 반려견을 돌보는 일도 같이 의논하고 해낸다.

이러한 관계는 아이가 없어서 가능한 모습이다. 현재 남편의 근무 환경상 공동 육아는 어려운 상황이다. 아이를 낳게 된다면 내가 육아에 훨씬 많은 시간을 쏟을 수밖에 없는 기울어진 구조다. 남편은 출산과 육아로 인해 자신이 경험한 가부장 가족의 모습을 그대로 따라가진 않을까 우려한다.

아이가 없는 삶이 주는 시간적 여유로움도 큰 영향을 미쳤다. 그는 퇴근 후 시간을 쪼개어 달리기를 하고, 책을 읽거나 회사 업무 관련 개인 공부를 한다. 아이를 잘 키우는 것, 화목한 가정을 만드는 것을 최우선 목표로 두고 살아온 부모님과는 사뭇 다르다. '아빠'가 아닌 개인으로서, 자신의 가치를 높이는 활동에 집중하는 일은 그에게는 큰 기쁨이다.

이처럼 나와 배우자는 아이가 생겼을 때의 경제적 문제, 현실적인 돌봄 여건 등에 대해서도 많은 고민을 함께하고 있다. 남성은 어떤 상황에서든 대책 없이 아이를 원하기만 하는 성별이 아니다. 그보다는 훨씬 주체적으로 생각하고 고민하는 존재다. 적어도 우리 가족만 놓고 보자면 아이가 없는 남자를 불쌍하다고만 볼 이유는 없다.

+

아이를 낳는 의사 결정은 누구 한 명의 의견대로 밀고 나갈 수 있는 문제가 아니다. 자녀 계획에는 배우자와의 끝없는 대화가 전제되어야만 한다. 아이의 탄생은 출산 당사자는 물론 배우자의 삶을 완전히 바꾸고, 경제 공동체로서의 미래와 여러 계획에 영향을 미친다. 자라온 가정 환경과 미래에 대한 다양한 생각들이 얽힌 복잡한 의사 결정이기도 하다.

　미리 합의하지 않았다는 불안감은 여전히 있지만 우리는 반쯤 열린 마음으로 아이에 대한 고민을 지속한다. 아이를 낳으면 이름은 무엇으로 할지, 성별은 무엇이면 좋겠는지, 어떻게 키우고 싶은지에 대한 다양한 대화를 나눈다. 상상 속 아이가 현실의 문제에 부딪혀 다시 없던 것이 되더라도, 이런 논의가 무용하다고 느끼진 않는다. 오히려 아이를 낳을지도 모르는, 단 1%의 가능성이라도 있는 부부가 더 많이 나눠야 할 대화라고 믿는다.

진짜 사랑을
영영 모를까 봐

아이를 가질지, 말지에 대한 고민은 '사랑이란 무엇인가'라는 본질적인 질문과 맞닿아 있다. 자식은 부모의 사랑을 먹고 자란다. 부모는 아이를 통해 비로소 진짜 사랑을 알게 된다고 한다. 혹자는 우리가 이 세상에 태어난 이유가 사랑을 경험하기 위해서라고도 말한다. 나도 그런 큰 사랑을 누군가에게 주는 존재가 될 수 있을까? 그런 사랑을 놓쳐도 괜찮은 걸까? 손에 잡히지 않기에 어려운 주제, 그래서 마지막으로 미뤄둔 사랑에 대해 이야기해 보려 한다.

반려견에게 사랑을 배우다

줄곧 시니컬한 성격으로 살아오던 내게 처음 진짜 사랑을 알려준 건 반려견 토리다. 관계, 애정, 희생, 배려… 이런 간지러운 단어들에 통 무관심했던 나는 토리를 만나고서야 사랑의 모양을 더듬더듬 알아가고 있다.

토리는 매일 봐도 귀엽고 사랑스럽다. 토리와 함께일 때면 어렴풋하게나마 부모의 마음이 이런 것일까 짐작하게 된다. 강아지와 함께 잠이 들 때, 외출하고 돌아왔을 때 강아지가 나를 보고 반겨주는 순간엔 하루의 피로가 풀린다. 토리에겐 좋은 것만 해주고 싶고, 바라만 봐도 기쁘다.

속을 썩이고 말을 듣지 않을 때도 있지만, 애교를 부리며 다가오면 미운 마음은 어느덧 사라진다. 개와 함께 사는 일에는 현실적인 어려움도 많지만 언어와 종을 뛰어넘어 한 생명과 교감한다는 사실은 큰 보람을 준다. 토리의 세상에 내가 가장 중요한 존재라는 사실이 느껴질 때면 말로 다 할 수 없는 행복을 느낀다. 나만 중요한 사람이었던 내가, 어느새 진심을 다해 내가 아닌 존재를 걱정하고 사랑하고 있다.

강아지 한 마리가 이렇게 깊은 감정을 느끼게 해주자, 그동안 귀에 못이 박히게 들어온 말이 새롭게 다가왔다.

"자식을 통해 진짜 사랑을 알게 되었다."

"남녀 간의 사랑이 얼마나 덧없고 가벼운 건지 깨달았다."

"태어나서 이렇게 누군가를 사랑해 본 적이 없다."

이전까지는 이런 말을 들을 때면 속으로 비웃곤 했다. 아이가 주는 기쁨, 무한한 사랑, 유년 시절에 평생 효도를 다 한다는 말, 그에 대한 경이로움과 예찬은 너무나 진부한 얘기처럼 들렸다. 여기에 '애랑 개는 다르다'는 논리가 더해지면 발끈하기도 했다. 자식처럼 개를 키우는 나의 사랑은 왠지 인정받지 못하는 것 같았기 때문이다.

개와 함께하는 시간이 길어지고, 개를 점점 더 깊이 사랑하게 될 수록 부모-자식 간의 사랑에 대해서도 생각이 달라지기 시작했다. 아무리 개를 자식처럼 기르는 나지만, 아이를 토리로 치환했을 때 닿을 수 없는 어떤 감정선이 있음을 알게 되었다. 개만이 줄 수 있는 기쁨과 행복이 있듯, 부모 됨을 통해서만 알 수 있는 사랑이 존재한다는 걸 지금은 받아들인다.

엄마의 사랑을 돌아보면

곧 환갑을 바라보는 엄마는 오래전 출가한 딸을 위해 아직도 반찬을 한다. 평생 전업주부인 적이 없었고 지금도 나보다 훨씬 바쁘게 일하며, 심지어 요리를 좋아하지 않는데도 말이다. 몇 달 전 엄마가 급히 길을 건너다 횡단보도에서 크게 넘어진 일이 있었다. 피부를 몇 바늘 꿰매고 턱뼈에 금이 가는 바람에 두 달여간 씹지 못하고 유동식만 먹어야 했다. 그 와중에도 엄마는 내가 먹을 반찬을 만들어주었다.

반찬은 아주 작은 일일 뿐이다. 엄마는 아직도 내가 일곱 살인 줄 아는지 가끔 나를 '공주'라고 부른다. 나보다 훨씬 체격이 작지만 무거운 건 뭐든 나 대신 들려고 한다. 내가 감기라도 걸리면 하루에 몇 번이나 괜찮은지 안부 연락이 온다. 이제 끝날 법도 한데 엄마의 육아는 30년이 넘도록 진행 중이다. 책임감이나 사명감과는 사뭇 달라 보이는 엄마의 행동은 사랑이 아니면 설명이 어렵다. 나 역시 엄마를 사랑하지만, 엄마의 사랑에 비하면 내 사랑은 너무 미미하다.

여러 사랑 중에서도 부모의 자식에 대한 사랑은 유독 비교할 수 없는 숭고한 것으로 여겨지곤 한다. 흥미롭게도 이를 과학적으로 입증한 연구가 있다. 2024년, 핀란드의 한 대학 연

남을까 말까

구팀은 '사랑하는 대상이 있다'고 밝힌 이들을 대상으로 실험을 진행했다.[*] 연구팀은 여섯 가지 사랑 유형(연인, 친구, 낯선 사람, 반려동물, 자연, 자녀)에 대한 짧은 이야기를 들려준 다음, 참가자들의 뇌 활동을 MRI로 측정했다. 그중 아이가 태어났을 당시를 떠올리게 하는 시나리오를 들었을 때 가장 강렬한 뇌 활동이 발견되었다. 이는 다른 종류의 사랑에서는 나타나지 않은 강력한 수준의 활동이었다고 한다.

친구가 말하는 사랑

자식에 대한 깊고 강렬한 사랑은 도대체 어떤 것일까. 반려견을 키우는 나는 영영 그 사랑을 알 수 없는 걸까. 나처럼 오랜 기간 이 문제를 고민하다 먼저 아이 엄마가 된 친구에게 물었다. 그녀는 '내가 이 사람 대신 죽어줄 수 있을까'라는 가정을 통해 친절히 그 사랑에 대해 설명해 줬다.

╳   동아일보, [사랑, 마음 아닌 뇌에서…부모의 자식 사랑이 가장 강렬],
     2024.08.

"냉정하게, 우리 개를 위해서는 대신 죽진 못하겠더라고. 남편을 위해서는 죽을 수 있어. 다만, 남편은 내 사랑과 희생을 평생 기억하며 고맙게 생각해 줬으면 좋겠어. 근데, 아이는 달라. 아이를 위해서도 당연히 목숨을 바칠 수 있지. 하지만 우리 애는 엄마가 대신 죽었단 사실을 절대 몰랐으면 좋겠어. 엄마에 대한 어떤 죄책감이나 작은 슬픔도 느끼지 않았으면 해."

친구는 덧붙였다. 이건 아이를 낳기 전에는 절대 알 수 없었던, 비로소 엄마가 되고서야 알게 된 사랑이라고. 물론 친구의 아이는 현재 서너 살로, 뭘 해도 예쁘다고 불리는 나이다. 사춘기 자녀를 둔 부모에게 물어보면 답이 달라질지도 모르지만, 그녀와의 대화는 오래도록 기억에 남았다.

단 한 순간의 고민도 없이 내 목숨과 맞바꿀 수 있는 존재가 생긴다는 것, 그래도 아무것도 바라지 않게 되는 마음은 과연 어떤 것일까. 너무 크고 진하게 느껴져 엄두가 나지 않기도 한다. 상상만으로도 이런 거대한 사랑이 주는 무게에 짓눌리는 느낌이다. 아이를 낳지 않으면 알 수도 없고, 어쩌면 알 필요도 없다. 그런데 지금처럼 모른 채 사는 것이 좋겠다 싶다가도, 불쑥불쑥 궁금해지는 순간이 찾아오는 건 왜일까.

낳을까 말까

잘못된 사랑도 있다

문득 이런 생각이 들었다. 엄마가 내게 보여준 깊은 사랑이 어느 정도는 엄마의 성격에서 비롯된 건 아닐까? 엄마는 원래 타인에 대한 배려가 많은 사람이다. 어릴 때부터 받기보단 주는 것에 익숙한 성격이었다고 한다. 그런데 나는 엄마를 닮지 않았다. 내가 엄마가 된다 해도, 엄마처럼 자식을 위해 모든 걸 해줄 각오로 살 수 있을 거란 생각은 들지 않는다.

부모가 되어야만 알 수 있는 다른 차원의 사랑이 존재한다는 건 분명하다. 한편으로는 모든 부모가 올바른 방식으로만 사랑을 실천하는 건 아니다. 몇 년 전부터 인기를 끌고 있는 상담 예능 프로그램에서 사랑과는 거리가 먼 부모들을 종종 볼 수 있다. 어린 아이 앞에서 감정 조절을 하지 않거나, 방치에 가까운 수준으로 기본적인 돌봄을 제공하지 않거나, 폭력적인 육아 방식을 사용하는 부모들을 목격한다. 2명 이상의 자녀가 있을 경우 차별적으로 사랑을 분배하는 부모도 드물지 않다.

집착과 욕망을 사랑으로 착각하는 부모는 어떤가. 이루지 못한 자신의 꿈을 자녀를 통해 성취하고자, 아이에게 과도한 성과를 요구하는 사례 역시 흔하다. '사랑하니까 그랬다' '다 너를 위한 일이다'라는 변명으로 포장하지만 그것이 사랑이 아니라는 건 본인 외에는 다 알고 있다.

자식을 낳은 사람들 모두가 참된 사랑을 줄 수 있다면 설명되지 않는 것이 많다. 너무나 많은 아이들이 친부모에 의한 학대를 경험하고 있다. '사랑의 매'라는 단어에서 볼 수 있듯 사랑이라는 신비로운 단어는 착취나 폭력을 교묘하게 정당화하는 데 사용되기도 한다. 사랑의 정도도 어려운 문제다. 우리는 지나친 사랑이 독이라는 개념에 익숙하다. 그렇다면 과연 적당한 수준의 사랑은 무엇이란 말인가.

아이를 낳는다고 모두가 진짜 어른이 되는 것이 아닌 것처럼 자식에 대한 사랑도 마찬가지다. 사랑의 실천은 어렵다. 실패할 수 있다. 다른 많은 일에서처럼 노력을 쏟아도 잘 해내지 못할 수도 있다. 부모도 불완전한 인간이니까. 잘못된 사랑에 대해 생각할 때면 아이를 낳는 일은 더 엄두가 나질 않는다.

+

엄마라면 으레 생겨난다는 깊고 진한 사랑이 어느 정도 부풀려지고 과장되었을지라도, 모든 부모가 올바른 사랑을 실천하는 것은 아닐지라도, 사랑에 대해 얘기할 때면 이끌리는 마음

을 외면하긴 어렵다. 부모가 되어 알게 되는 사랑이 진짜 사랑
이라면, 그 사랑을 영영 모르는 나는 반쪽짜리 인생을 사는 건
아닐까.

각본가 정서경은 『돌봄과 작업』에서 아이를 통해 얻은 사랑
에 대해 이렇게 쓴다.

> "정말로 아이에게 모든 것을 내주었다. 자고, 먹고, 씻고, 친구를 만
> 나고, 영화를 보고, 거울을 보는 나 자신. 아이를 재우고 기진맥진
> 해진 밤이면 아무것도 없이 텅 빈 가슴이 느껴졌다. 돌아보면 그
> 자리를 채운 것은 사랑이었다고 생각한다. 처음에는 이름을 붙일
> 수 없는 어떤 것이었다. 그 이후로 나는 중요하지 않은 것은 쓰고
> 싶지 않았다. 진짜 사랑이 아닌 것은 쓰고 싶지 않았다."[*]

깊은 울림이 있었던 위 문장을 읽으며, 사는 동안 영영 진짜
사랑을 알지 못하게 되면 어쩌나 싶어 두려워졌다.

누군가를, 나 자신보다 사랑하는 내 모습을 떠올려본다. 여
전히 어색해서 잘 그려지지 않는다. 영 어울리지 않는 옷을 입

✕ p.42~43, 정서경, '진짜가 아닌 이야기는 쓰고 싶지 않다', 『돌봄과 작
　업』, 돌고래, 2022

은 것 같은 느낌이다. 그럼에도 사랑을 생각할 때면 '낳지 말까'로 귀결되는 수많은 합리적인 이유를 제치고 엄마가 되고 싶다는 마음이 든다. 어쩌면 사랑에 덧씌워진 숭고함에 속고 있는 걸지도 모른다. 하지만 아이러니하게도 그렇게 속아 넘어간 수많은 사람들 덕분에 지금의 내가, 우리가 여기에 있다.

2년 동안의 별별 고민,
그래서 답을 구했나요?

"아이를 원하는지 아닌지, 이건 나 자신에게까지 숨기는 비밀.

확신이 서지 않을 때는 기다리는 것이 최선이다.

하지만 얼마나 오래 기다리지?

다음 주에 나는 서른일곱 살이 된다."*

실라 헤티는 『마더후드』에서 엄마가 되는 고민의 어려움을 토로한다. 나보다 일찍 이 답 없는 문제에 봉착한 그녀는 심지어 동전에게 답을 묻기에 이른다. 세 개의 동전을 던져 나오는 앞, 뒷면의 숫자에 따라 '그렇다' '아니다'라는 대답을 얻는 것이다. 열심히 동전을 던져보지만, 당연히 동전도 명쾌한 해답을 주진 않는다.

✕ 36p, 실라 헤티, 구원 옮김, 『마더후드』, 코호북스, 2024

낳을까 말까

그녀의 기이한 행동에서 묘한 위안을 얻었다. 나만 유별난 사람이 아니었다니 안심이 되었달까. 낳을까, 말까라는 고민은 이토록 어려운 일이다.

실라 헤티 역시 나처럼 아이 낳는 꿈을 꾸고, 배우자와 논쟁을 벌이기도 한다. 엄마와의 관계를 되짚어 보고, 아이를 낳은 친구 집에 방문하며, 자녀가 있는 미래의 경제적 상황을 셈해 본다. 이 모든 생각이 모성이라는 환상 혹은 호르몬의 농간에서 비롯된 건 아닌지 의심하는 과정도 함께다. 책을 마무리하는 지금, 나는 곧 서른일곱이 되는 실라 헤티보다 꼭 두 살 어리다. 내겐 몇 년의 시간이 더 남아 있는 걸까?

브런치에 이 고민을 연재한 순간부터 책으로 펴내기 위해 글을 다듬는 지금까지, 지난 2년여의 시간 동안 이 문제는 단 한 번도 내 머릿속을 떠난 적이 없다. 정말 별의별 생각을 다 해봤다. 세상 모든 것이 아이 낳는 고민과 연관되어 보였고 만나는 모두를 붙들고 "왜 아이를 낳으셨어요?" "저 아이, 낳을까요?"라는 질문을 던졌다.

남들은 쉽게 내리는 이 결정이 왜 이토록 어려운 것일까. 부모 됨을 자신의 당연한 운명으로 여기고, 한 치의 의심도 없이 그 길을 걷는 이들이 부럽지 않았다면 거짓말이다. 차라리, 확신에 찬 목소리로 "난 아이를 결코 원하지 않아"라고 외칠 수 있기를 바랐다. 왜 내 마음 하나조차 제대로 알지 못하는 것일까?

앞서 소개한 『결심이 필요한 순간들』에는 '뱀파이어 문제'라는 개념이 등장한다. "뱀파이어가 되기 전까지는 그게 어떤 것일지 제대로 상상할 수 없다." 뱀파이어가 된 후 얻는 행복과 슬픔이 무엇인지 인간인 우리는 미처 알 수 없다. 아직은 뱀파이어가 아니기 때문이다. 이는, 인생의 중대한 선택은 우리의 정체성을 변화시키며, 그 선택에 대한 의미 있는 가치 평가는 달라진 정체성으로만 내릴 수 있다는 비유다. 작가 러셀 로버츠는 이어서 말한다.

> "당신이 일단 미지의 세계에 뛰어들면 상상하지도 못했던 것을 발견하게 될 것이다. 그것은 새로운 세상이 아니라 새로운 경험으로 완전히 달라진 자신이다."

아이 낳기란 정말로 그냥 저질러야만 하는 결정인 걸까? 막상 아이를 낳으면 엄마로서의 역할을 천직인 듯 받아들일 수 있게 될까? 그렇다면 낳아야 하나.

✕ 45~47p, 러셀 로버츠, 이지연 옮김, 『결심이 필요한 순간들』, 세계사, 2023

222   낳을까 말까

2년여의 고민이 무한정 길어질 순 없었다. 눈을 딱 감고 결정을 내려야만 했다. 긴 시간 내린 고민의 결론이 뭐냐고? 낳는다, 혹은 만다, 라는 딱 떨어지는 답을 기대했다면 그렇지 않다. 아이를 하늘의 운명에 맡기자는 책임감 없는 결정도 아니다.

　잠정적 결론은 이렇다. 임신 계획은 지금으로선 없다. 아이 없이, 2인 가족으로 사는 지금 이대로 좋고 만족스럽다는 것을 알게 되었기 때문이다. 그렇다고 어떻게 될지 모르는 인생에서 어떤 가능성 하나를 완전히 닫아두진 않으려 한다. 처음으로 '낳을까?'라는 낯선 생각과 마주하며 스스로 놀랐던 것처럼, 또 어떻게 변할지는 모를 일이니까. 엄마가 된 모습을 상상하는 일도 멈추지 않을 예정이다.

　여전히 제자리걸음 같은 결론이지만, 고민하는 시간 동안 내 안의 무언가는 분명 달라졌다. 명확한 답을 찾았다면 좋았겠지만, 대신 다른 것을 얻었다. 주로 뭔가에 극단적으로 매몰되곤 하는 내게 전혀 반대되는 두 가지를 저울질하며 고민한 시간은 내면 한 부분을 말랑하게 만들어주었다. 예전엔 왜 아이를 낳는지조차 이해하지 못했지만, 이제는 모두의 선택을 응원할 수 있다. 미처 몰랐던 숨은 내 모습을 마주하기도 했다. 이상적인 가족에 대한 욕망, 일에 대한 애착, 사랑에 대한 갈구와 같이 내겐 결코 없으리라 단언했던 것들을 말이다. 어떻게 될지 모르는 인생에서 감히 무언가를 확신하진 않아야겠다는 생각과 함께.

다시 '뱀파이어 문제'라는 개념으로 돌아가보자. 책을 마무리하는 시점에서 다시 보니, '뱀파이어'란 꼭 엄마가 된 나를 의미하지 않는다는 생각이 들었다. 아이 없이 살아갈 60, 70대의 나 역시도 지금과는 사뭇 다를, 경험해 보지 않은 미래다. 답이 없는 문제들을 정면으로 마주한다는 건, 지금 난임 병원으로 달려가 난자를 냉동하는 것만을 포함하지는 않는다. 변화하는 내 생각을 있는 그대로, 주의 깊게 바라보는 것 역시 적극적인 행동일 수 있다.

고민의 과정에서 어떤 선택에도 후회하지 않고 삶을 잘 꾸려갈 수 있다는 자신감이 생겼다. 여러 문장을 동원해 좋은 엄마가 될 자신이 없다고 적었지만 그닥 적성에 맞지 않는 나의 일도 10년째 잘 해왔다. 또한 반려견도 이토록 책임감 있게 키우는 것을 보면, 막상 마음이 바뀌더라도 잘 해낼 근거 없는 자신이 있다. 또, 만약 아이 없는 부부로 남는다고 하더라도, 꽤나 재밌게 잘 살 자신도 생겼다. 이것이 적지 않은 시간을 들여 치열하게 고민하며 얻은 가장 큰 배움이다.

불쑥 연락한 내게 생생한 임신, 출산, 육아의 경험을 들려준 멋진 여성들에게 고마움을 전한다. 브런치 연재를 할 때부터 글을 읽고 공감해 준, 많은 엄마 혹은 엄마가 아닌 여성 독자에게 감사하다. 어떤 이유로 이 책을 선택했든, 당신과 연결되어 기쁘다는 말을 전하고 싶다. 아이를 갖는 고민과 관련해 무슨 선택을 했든, 앞으로 어떤 결정을 내리든 이 고민의 여정을 끝까지 함께해 준, 모든 분께 감사하다.

한 친구는 내 고민을 두고 '배부른 고민'이라는 평을 내리기도 했다. 맞는 말이다. 아직도 세계의 많은 여성은 출산에 대한 자기 결정권이 없으며, 원치 않는 임신을 한다. 끊이지 않는 전쟁, 당장의 먹고사는 일 앞에 엄마라는 꿈을 꿀 수 없는 사람도 있다. 아이를 무척 원하지만 난임으로 아기를 만나지 못하는 안타까운 사연은 또 얼마나 많은가. 사랑하는 사람이 생물학적 이성이 아니라는 이유로 가정을 꾸리고 부모가 되는 과정이 몇 배나 험난한 이들도 있다.

나는 비교적 안전한 사회에 살며, 이성과 가정을 이뤘고, 결혼이라는 합법적 제도에 안착했다. 어쩌면 많은 부분에서 이점을 가졌기에, 이 책이 모든 이들의 고민을 담기에 부족할 수밖에 없었음을 안다.

책을 마무리하는 지금, 『이렇게 작가가 되었습니다』에서 읽은 아래 문장이 떠오른다.

> "세상에 순전한 '나'만의 이야기 같은 건 없다. '나'에 대한 이야기는 곧 나를 둘러싼 타인들에 대한 이야기다."*

허락을 미처 받지 못한 채 이 책에 등장해 이야기를 완성해 준 모두에게 감사를 전한다. 무엇보다 부부 사이의 조심스럽고 내밀한 주제를 공개적인 지면에 쓰는 일을 누구보다 응원하고 지지해 준, 나의 배우자에게 고마움을 전한다.

※ 94p, 정아은, 『이렇게 작가가 되었습니다』, 마름모, 2023

낳을까 말까

+

"고민하는 시간 동안 내 안의 무언가는 분명 달라졌다.

명확한 답을 찾았다면 좋았겠지만, 대신 다른 것을 얻었다."

인용도서

김지혜, 『선량한 차별주의자』, 창비

조남주, 『82년생 김지영』, 민음사

정서경 외, 『돌봄과 작업』, 돌고래

정아은, 『이렇게 작가가 되었습니다』, 마름모

최지은, 『엄마는 되지 않기로 했습니다』, 한겨레출판

러셀 로버츠, 이지연 옮김, 『결심이 필요한 순간들』, 세계사

리어 해저드, 김명남 옮김, 『자궁 이야기』, 김영사

실라 헤티, 구원 옮김, 『마더후드』, 코호북스

에너벨 크랩, 황금진 옮김, 『아내 가뭄』, 동양북스

에이미 블랙스톤, 신소희 옮김, 『우리가 선택한 가족』, 문학동네

엘리자베트 벡 게른스하임, 이재원 옮김, 『모성애의 발명』, 알마

제니 오델, 김하현 옮김, 『아무것도 하지 않는 법』, 필로우

페기 오도널 헤핑턴, 이나경 옮김, 『엄마 아닌 여자들』, 북다

캐롤라인 냅, 정지인 옮김, 『욕구들』, 북하우스

사진 출처

-한국경제, [추석엔 자녀·조카에게 명품 옷을…신세계 아동 편집숍 매출 80%]

-한국교육신문, [네덜란드 학교 일과 중 자유시간 누린다]

-조선일보, [스스로 입 꿰맨 英 사제…"기후 위기 외면하는 언론" 침묵 시위]

-아시아경제, ["나는 아직도 운 좋게 살아남았다" 여성 혐오 범죄, 끊을 수 없나]

-International Waldorf School The Hague